Schirner Verlag

Georg O. Gschwandler

Tierra Santa
Der schamanische Weg

Wie du dich selbst und andere heilen kannst

Schirner Verlag

ISBN 978-3-8434-1121-9

Georg O. Gschwandler
Tierra Santa
Der schamanische Weg
Wie du dich selbst und
andere heilen kannst

Umschlag: Murat Karaçay, Schirner
Redaktion: Sarah Neumann, Schirner
Satz: Simone Leikauf, Schirner
Printed by: ren medien, Filderstadt,
Germany

www.schirner.com

1. Auflage August 2013

Inhalt

*»Alles, was du brauchst, ist Kraft
und jemand, der dir zeigt, was du
damit machen kannst«*

Mein Dank gebührt all jenen,
die mich begleiten, all jenen,
die ich begleiten durfte,
und meiner Frau, die mir beibrachte,
mich um meinetwillen zu verändern.

Vorwort

»Es ist großartig, seinen einzigartigen Weg zu gehen und sich selbst dabei zu überwinden. So viel mehr Freiheit und Weite sind möglich. Liebe das Unbekannte. Tritt ein in die Welt der Energie und der Kraft.«

(Jeanne Ruland)

Ich freue mich, dass Georg O. Gschwandler endlich Zeit gefunden hat, sein unglaubliches, praktisches, hilfreiches und leicht umsetzbares Wissen in diesem Buch zusammenzufassen und damit endlich einem großen Menschenkreis zugänglich zu machen. Damit geht für mich ein Wunsch in Erfüllung. Dieses Buch ist ein »Erlebe und erfahre es selbst«-Buch. Verantwortung für sich und sein Leben zu übernehmen, ist die Voraussetzung für die eigene Lebensgestaltung.
Dieses Buch kann direkt in die eigene Mitte und zur richtigen Anwendung der Lebenskraft führen, wenn wir das Wissen, das darin beschrieben wird, erfahren und im eigenen Leben anwenden. Unser menschlicher Verstand will mit Theorien,

Worten und Gedankensystemen gefüttert werden, doch dadurch leben wir an der Kraft vorbei. Vergeude deine Energie nicht mit Verstehen – lebe sie, und du wirst wissen! Beim Lesen dieses Buches können wir direkt in die Welt der Kraft und Energie eintreten. Sie ist schon in uns. Du bist bereits ein Teil dieser Kraft, du darfst sie jetzt durch verschiedene Impulse erkennen, lenken und fließen lassen. Georg zeigt uns in diesem Buch, wie wir unsere Kraft aufbauen, bündeln, ausrichten und lenken können.

Ich habe Georg schon gekannt, bevor ich ihn getroffen habe, da er auf vielen Ebenen unterwegs ist. Damals fiel mir sein Buch »Schamanische Wege zur Mitte« in die Hände. Dieses Buch hat mich wirklich sehr beeindruckt, da es den Leser dort abholt, wo er gerade steht, egal, ob er schon lange auf dem schamanischen Pfad wandert oder gerade die ersten Schritte unternimmt. Georg hat die Gabe, in Büchern Räume zu öffnen, in die wir eintreten können, um uns selbst in einer neuen Tiefe und Weite inmitten großartiger Möglichkeiten zu erfahren.
Später habe ich ihn in seiner schamanischen Arbeit als Curandero erlebt und war beeindruckt, wie einfach und klar die Kraft aus dem Universum zugänglich gemacht werden kann, wenn wir wissen, wie. Diese Übungen, die ich bei ihm gelernt habe, die auch jetzt gerade ihre Wirkung entfalten, wende ich immer wieder an, um mich selbst auszurichten und mein Leben »volle Kraft voraus« zu leben. Die Erfahrungen damit sind großartig und in jeder Situation und Herausforderung, in die wir geraten, äußerst hilfreich. Georg ist authentisch

und lebt, was er lehrt und schreibt, mit einer schlichten und dennoch unbeschreiblichen Brillanz. Ihn interessiert es nicht, dich zu belehren, zu beeindrucken oder zu verändern – sein Bemühen geht dahin, dir Schlüssel zu geben, damit du selbst eintreten kannst, ganz pragmatisch. Du wirst dieses Wissen nicht verstehen können, wenn du es nur liest. Versuche mit dem, was du liest, zu experimentieren. Du wirst feststellen, dass sich plötzlich eine ungeahnte Kraft entfesselt.

Möge dieses Buch ein Segen für viele Menschen werden. Mich haben diese hier vorgestellten Übungen auf meinem einzigartigen Lebensweg nachhaltig inspiriert und bereichert. Danke, lieber Georg, dass du dein Wissen teilst. Danke an deine Lehrer und Spirits und an die Frau an deiner Seite.

In Verbundenheit und Wertschätzung
Jeanne Ruland

Einführung

Eines der stärksten Gefühle, das es zu erfahren gibt, ist Kraft. Wenn sie uns durchströmt, sich in unserer Mitte bündelt und uns groß und stark macht! Nichts kommt dem gleich! Es ist ein Tanz aus Energie, purem Glück und reinem Sein. Frei von Angst! Es ist Heilung, heitere Gelassenheit und Stärke, Klarheit und Ruhe. Dieser Zustand ist erreichbar, für jeden von uns! Und es geht ganz leicht, ganz ohne übermenschliche Anstrengung. Man muss nur wissen, wie! Dieses Wissen ist zugänglich, für jeden von uns. Schritt für Schritt kannst du erstarken und dich positiv verändern. So gestaltest du auch deine Welt, die dich umgibt! Ganz im Vertrauen: Die Veränderung hat bereits begonnen! In dem Moment, da du diese Zeilen liest, wirst du ein Teil meiner Welt, ebenso wie ich ein Teil der deinen werde. Alles, was wir auf dem Weg zur Kraft erleben, erleben wir gemeinsam. Auch eine andere, verborgene Welt wird sich dir öffnen. Es ist die Welt der Quelle dieses Wissens.

In diesem Buch finden sich grundlegende, einfache Werkzeuge, und ich leite dich an, sie erfolgreich zu benutzen. Diese Werkzeuge bilden eine Gesamtheit und sind alles, was du brauchst, um ganz du selbst zu werden. Ich führe dich zu deiner Mitte, zu Heilung und Kraft, so wie mich mein Lehrer vor Jahren geführt hat. Warum gerade dich, und warum gerade jetzt? Nun, du hältst dieses Buch in deinen Händen und liest darin – und das zeigt mir, dass der Zeitpunkt richtig ist. Gerade heute, gerade jetzt, in eben dieser Sekunde! Es ist an der

Zeit, deine Möglichkeiten zu entdecken. Es ist an der Zeit, das zu finden, was du schon so lange suchst: Kraft, reines Sein, die eigene Mitte, Ruhe und Klarheit, Charisma. Kurz: Es ist der Zeitpunkt gekommen, um heil und ganz zu werden. Und glaube mir, diese Dinge sind es, die uns frei und glücklich machen. Ich selbst habe es erfahren und viele meiner Klienten mit mir! Begeben wir uns gemeinsam auf eine spannende Reise. Ich begleite dich ein Stück des Weges und bin mir absolut sicher, dass auch du selbst in kurzer Zeit zu einem wichtigen Begleiter für jemand anderen werden wirst.

Du heilst dich selbst und deine Welt! Machen wir den ersten Schritt unserer Reise, und beginnen wir am Ursprung, in einem Land, das keinem Traum gleicht. Es ist ein Land jenseits dieser Welt und doch mit ihr verbunden. Ich nenne dieses Land »Tierra Santa« – Heiliges Land –, weil es ein Ort des Wissens und der Heilung ist. Das Wissen aus diesem Land öffnet sich auch dir, mit jeder Übung in diesem Buch, mit jeder Erfahrung, die du machen wirst, mit jedem einzelnen Atemzug.

Tierra Santa ist ein Land jenseits unserer Welt. Es ist kein erdachtes Land, sondern ähnelt der Realität der Schamanen, die sie auf ihren *schamanischen Reisen* besuchen. Für mich war und ist Tierra Santa physisch existent und absolut wirklich. Denn als Realität erfahre ich es seit vielen Jahren, immer und immer wieder. Ich habe ihm nur diesen Namen gegeben, existiert hat es schon immer, lange vor meiner Zeit und lange vor diesem Buch.

1

Tierra Santa – Am Anfang

Ich erwachte und fand mich in einer Wüste wieder. Ein heißes Land eingetaucht ins Licht der blutrot untergehenden Sonne. Der Wind blies warm, und keinerlei Geräusch war zu hören. Zuerst dachte ich an einen mehr als nur intensiven Traum, aber ich erwachte nicht erneut bei diesem Gedanken. Ich bemühte mich, aber ich blieb in der Wüste und konnte nicht zurück in mein Bett im winterlichen Österreich. Alles war real, absolut fassbar, ich fühlte den heißen Sand zwischen meinen nackten Zehen! Einige mannshohe Kakteen standen links von mir und warfen bizarre Schatten. Der Himmel war wolkenlos, und ich glaubte mich allein. Ich versuchte, ein paar Schritte zu gehen. Nur mühsam kam ich voran, alles war zunächst wie verlangsamt, dann gewöhnte ich mich an die Dichte des Augenblickes. Ich ging auf eine Sanddüne zu – und da sah ich ihn wie zum ersten Mal. Ein schlanker Mann stand dort, gekleidet in weißes Leinen, so wie die Campesinos, die einfachen Bauern in einem bestimmten Teil Mexikos. Er hatte den Strohhut tief ins Gesicht gezogen. Ich wusste, dass ich zurückgekehrt war. Er hatte mir den Rücken zugewandt, und ich dachte, dass er mich nicht gesehen hätte. Nur noch wenige Schritte trennten mich von ihm. Ich streckte die Hand nach ihm aus und wollte ihn berühren, um mich zu vergewissern, dass es die andere Welt und nicht nur ein hyperrealer Traum war. Da wandte er sich unvermittelt um. Sein Gesicht war wie die Wüste, zerfurcht und alt. Seine Stimme klang wie der Sand, rau, aber warm und vertraut. »Wo bist du so lange gewesen?«, fragte er. Ich erschrak, weil ich ihn erst in diesem Moment wirklich wiedererkannte. Don Esteban! Wir waren einander schon so oft begegnet – vor vielen Jahren im Mexiko City meiner Welt und noch oft danach in *seiner* Welt, in Tierra Santa. Er war nicht nur ein Wesen aus einer anderen Dimension, sondern ein Wanderer zwischen den Welten. Er hatte mich lange gesucht und war, als er mich gefunden hatte, zu meinem Lehrer, meinem Mentor geworden. Viele Male hatte er mich zu sich in dieses seltsame Land geholt. Er gab mir unendlich viel. Auf die Frage, warum er gerade mich als Schüler ausgesucht hatte, lächelte er stets freundlich und meinte, es sei einfach an der Zeit gewesen, mich zu mir selbst zu bringen. Alles, was er mir an Wissen gegeben hatte, war wie ein Geschenk an mich. Seine einzige Bedingung war, dass ich das, was er mir beibrachte, in meiner Arbeit als Heiler korrekt umsetzte. Das tat ich gerne und so gut ich konnte. Meine Arbeit war von großem Erfolg gekrönt. Alles hatte sich zum Besten entwickelt. Ich war glücklich und zufrieden. Wir hatten uns lange nicht mehr gesehen, ich war ja mehr als nur beschäftigt mit Heilarbeit, Seminaren und Ausbildungen und hatte ihn beinahe vergessen. Ich fühlte mich deswegen in diesem Moment absolut schuldig. »Mach dir keine Sorgen, Zeit ist wirklich relativ für mich, und ich konnte dich nicht eher zu mir holen, weil du einfach zu wenig Energie hattest«, meinte er etwas vorwurfsvoll. »Wichtig ist nur, dass du hier bist!« Jetzt kam auch meine Erinnerung wieder zurück. Ich rief mir unsere gemeinsame Zeit wieder ins Gedächtnis und dachte an das, was er mir beigebracht hatte. Ich wusste nicht, was ich sagen sollte. »Bist du endlich bereit weiterzumachen?« Ich nickte, weil ich im Herzen ahnte, dass die Zeit dafür gekommen war. »Also gut, weißt du noch, was ich dir beigebracht habe?

Es ist nun an der Zeit, diese Geschenke weiterzugeben.« Ich versuchte mir vorzustellen, welche Konsequenzen das haben würde! Bisher war ich eher zurückhaltend mit dem Wissen, das er mir anvertraut hatte, umgegangen. Jetzt sollte ich es einfach so weitergeben? »Was meinst du damit?«, fragte ich vorsichtig. Er wandte sich mir zu, zog den Hut noch tiefer ins Gesicht und flüsterte beinahe verschwörerisch: »Schreib doch wieder mal ein Buch!« Er lachte schallend. »Aber zuerst lass uns sehen, was du noch weißt!«, mahnte er. Alles, was er mir beibrachte, war stets einfach, beinahe simpel gewesen. Nur so geriet ich nicht in Verlockung, meine Energie im Versuch, alles verstehen zu wollen, zu vergeuden. Mir blieb mehr Zeit und Kraft, um zu HANDELN. Ganz nach dem Motto: »Wer lange denkt, der handelt nie!« So begann und beginne ich ganz von vorne, bei unserem Wiedersehen und bei dem, was er mich damals in Tierra Santa über die Atmung und meine Mitte gelehrt hatte.

Die eigene Mitte finden

»Zuerst musst du deine Mitte finden, dann findest du auch deine Kraft …«

Deine Kraft, deine Gesundheit und dein Glück hängen davon ab, ob du in deiner Mitte bist! Das muss nicht kompliziert und schwer zu erlernen sein. Die Mitte ist eine Realität, die der Mensch seit Anbeginn seiner Existenz mit sich trägt. Sie ist die energetische Zentrale eines jeden Individuums. Gut ist, dass die Mitte leichter zu finden ist, als du vielleicht denkst. Jeder hat sie, und jeder hat sie am selben Fleck: Vier Finger unter dem Bauchnabel! Das Problem ist schlicht, dass du die Existenz dieser Mitte vergessen hast. Aber das lässt sich rasch ändern! Du brauchst nichts weiter als deine Hände, deinen Atem und ein paar Minuten deiner kostbaren Lebenszeit, um deine Mitte neu zu entdecken. Du und dein ganzes System werden sich rasch daran erinnern!

Wenn es dir gelingt, in die Mitte zu kommen, dann ist alles perfekt! Sie ist die Basis, auf der dein ganzes Leben fußt. Sie ist dein wahres Fundament! Ein wahrhaft starkes Fundament, das – wenn es richtig ausgebaut ist – absolut jeder Belastung standhalten kann! Deine ganze Ausstrahlung ist von dieser Mitte abhängig. Du selbst hast es in der Hand, diese zu verbessern!

Übung 1:

Deine Mitte stärken

- Stelle dich aufrecht hin, die Beine etwa schulterbreit auseinander.
- Schließe deine Augen.
- Atme tief durch.
- Lege beide Hände auf deine Mitte (vier Finger unter dem Nabel).
- Atme in deine Handflächen.
- Strecke beim Einatmen den Bauch heraus.

Was geschehen wird:

Du wirst ein wohliges Gefühl empfinden. Wärme wird sich in deinem Bauch ausbreiten. Du wirst gelassener, ruhiger, stärker! Deine Lebensenergie folgt nun deinem Atem und strömt durch deine Mitte. Von hier aus fließt sie in dein System, wir nennen es Energiekörper. Dieser dehnt sich aus und schützt dich. Er filtert heraus, was nicht zu dir gehört. Deine Ausstrahlung verbessert sich. Du bist präsenter und im Hier und Jetzt. Du nimmst besser wahr und wirst auch besser wahrgenommen! Und du wirst stärker, mit jedem Atemzug! Alles mit einem so einfachen Werkzeug! Deine Mitte zu trainieren, ist wichtig. Du kannst es jeden Tag tun, immer und immer wieder. Ganz unauffällig im Büro, während der Mittagspause, vor dem Zubettgehen, nach dem Sport, wo immer du gerade bist!

Don Esteban hat darauf bestanden, dass ich diese einfache Übung sooft wie nur möglich mache. So lernte ich in sehr kurzer Zeit, meine eigene Mitte selbst mit Energie zu versorgen. Ich wurde ruhiger, gelassener, stärker und bestimmter in meinen Entscheidungen.

2

Tierra Santa –
Das Ende aller Angst

Don Esteban hatte mich wieder zu sich nach Tierra Santa geholt. Seit gefühlten Stunden durchwanderten wir die Wüste, ohne auch nur ein Wort gesprochen zu haben. Endlich gelangten wir an einen Hügel, der von Kakteen bewachsen war. Es schien, als ob zwischen den Kakteen etwas lauerte. Ich dachte an ein Tier, eine Hyäne oder ähnliches, und erschrak. Ich fühlte, wie meine Mitte alle Energie verlor, je näher ich auf den Wald aus mannshohen Kakteen zuging. Don Esteban drängte mich, den Hügel zu erklimmen. »Geh nur, mach dir keine Sorgen, aber achte darauf, dass du in deiner Mitte bleibst«, rief er mir nach, während ich mich mit jedem Schritt schlechter fühlte. Überall um mich herum schien etwas zu lauern. Meine Wahrnehmung begann, mir Streiche zu spielen, und projizierte Schlangen und Skorpione in die plötzlich einsetzende Dämmerung. Irgendwo weit hinter mir lachte mein Lehrer. Schon wurde es Nacht. Die Dunkelheit überfiel mich wie ein Straßenräuber und nahm mir jeglichen Rest an Mut und Selbstvertrauen. »Erinnere dich endlich!«, hörte ich Don Estebans Stimme irgendwo von weit entfernt aus dem Dunkel um mich. Ein drohendes Knurren zu meiner Linken ließ mich erstarren. Aber ich versuchte, dem Rat meines Lehrers zu folgen, und atmete zitternd durch. Beide Hände auf meiner Mitte, lenkte ich meine Lebensenergie fort vom Angstpunkt unter dem Brustbein hin zur Mitte, vier Fingerbreit unter dem Bauchnabel.

Ich zitterte, und der Schweiß rann in Strömen über meinen Körper. Das bedrohliche Knurren schien nun von allen Seiten zu kommen! Die Bestien, die ich nicht sah, hatten sich vervielfacht! Je mehr Energie in meinen Angstpunkt strömte, desto

zahlreicher wurden die Monster um mich herum! Mit aller Kraft bemühte ich mich, meine Mitte mit Energie zu versorgen. Ich atmete tief in den Bauch, und mit jedem Atemzug wich die Dunkelheit ein wenig. Ich war verblüfft über den Effekt. Je mehr Energie ich meiner Mitte zuführte, desto sicherer wurde ich und umso mehr wandelte sich die Dunkelheit in eine schüchterne Morgendämmerung. »Gut so, mach weiter!«, hörte ich Don Esteban rufen. »Atme dich frei, komm wieder in deine Kraft, und erwecke den Tag.«

Ich tat, wie mir geheißen. Rasch wurde es hell. Die Monster verschwanden! Dann hatte der Tag die Nacht besiegt. Ich fand den Weg zurück durch den Wald aus Kakteen und fühlte mich großartig. Als ich meinem Lehrer endlich gegenübertrat, war die Wüste wieder so, wie sie mir vertraut war: Gleißend hell, heiß, klar und absolut real. Don Esteban wies mich an seine Seite. Wir wandten uns vom Hügel ab, um unsere Wanderung ins Unbekannte fortzusetzen. »Du musst mehr an deiner Mitte arbeiten, denn Angst ist etwas, was du dir nicht leisten kannst. Sie frisst dein Leben auf, wenn du nicht achtgibst. Sie macht dich schwach!« Ich gestand ein, dass ich wohl zu wenig geübt und vieles vergessen hatte. »Nur ohne Angst bist du ein guter Heiler. Ein Heiler hat Instinkt, aber niemals Angst. Nur so kann er auch sich selbst heilen, und nur so kann er wirklich lieben!« Ich nickte stumm, und wir zogen los, um einen guten Platz zu finden, an dem ich meine Technik verbessern konnte.

Die Angst in Kraft verwandeln

»Wenn du ohne Angst bist, dann handelst du mit Kraft, und jede Entscheidung wird absolut und richtig sein ...«

Du kannst ohne Angst sein! Frei von Sorge, aber mit klarem Blick auf das, was ist. Den Punkt, den wir Angstpunkt nennen, findest du unter dem Brustbein. Es ist ein Punkt, der nur kurz mit Energie versorgt sein sollte. Meist erhält er aber viel zu lange Energie, was dazu führt, dass die Angst übermächtig wird. Die Energie strömt dann von der Mitte nach oben, in den Angstpunkt. Bleibst du aber in deiner Mitte, dann bekommt der Angstpunkt nur einen ganz kurzen Impuls, und der Rest deiner Energie verweilt in deiner Mitte. Du bleibst weiterhin stark, gelassen und ruhig, aber im Hier und Jetzt. Bleibst du in deiner Mitte, dann steht dir jede Menge Energie zur Verfügung, um entsprechend handlungsfähig zu sein!
Don Esteban beschrieb das »Ohne-Angst-Sein« als zentrales Thema jeder persönlichen Entwicklung. Immer wieder unterzog er mich Prüfungen, um zu sehen, wie weit ich meinen Angstpunkt im Griff hatte.

Übung 2:

Den Angstpunkt entladen

- Suche dir einen ruhigen Ort.
- Stelle dich aufrecht hin, die Beine etwa schulterbreit auseinander.
- Lege die Hände auf deine Mitte (wie in Übung 1, siehe S. 19).
- Atme tief in deine Mitte.
- Erinnere dich an eine Situation, die dir Angst gemacht hat.
- Achte darauf, wie die Energie von der Mitte nach oben will.
- Belasse eine Hand auf der Mitte.
- Drücke mit dem Daumen der anderen Hand auf den Angstpunkt, und ziehe beim Einatmen mit dem Daumen eine Bahn nach unten, in die Mitte deines Körpers.
- Wiederhole das, bis keine Energie mehr von der Mitte nach oben strömt.

Hilfestellung:

Übe es im Dunkeln und auch in Situationen, in denen du Angst bekommst. Wenn du zu Hause übst, verwende ein Massageöl, um die Energie wieder Richtung Mitte zu ziehen.

Was geschehen wird:

Du wirst feststellen, dass sich immer weniger Energie in deinem Angstpunkt sammelt. Der Magen und alles umgebende Gewebe entspannt sich. Die Verdauung, ja, der ganze Stoffwechsel verbessert sich! Du kommst mehr und mehr in deine Mitte, und es gelingt dir, in Situationen, in denen du früher »vor Angst erstarrt« warst, ruhig und gelassen zu bleiben. Und gerade in Situationen, in denen du Angst verspürst, brauchst du Ruhe und Gelassenheit, um richtig entscheiden und handeln zu können! Frei von Angst zu sein ist so, als ob eine gewaltige Last von dir genommen wird. Du wirst klarer in deiner Wahrnehmung und immun gegen Angstmacherei, Hetze und Negativpropaganda. Du wirst frei von Sorgen, selbstsicherer und klarer und bist so anderen in schwierigen Situationen eine echte Stütze. Auch deine Liebe wird frei von Angst sein – nur so kann sie sich frei entfalten, stark und rein bleiben und ihre heilende Kraft entwickeln!

Don Esteban wies mich an, gerade diese Übung genau wie Übung 1 (siehe S. 19) immer und immer wieder auszuführen. Liebe und Heilung sind nur ohne Angst möglich. Und ein wirklicher Heiler ist frei von Angst und voller Liebe für alles, was ihn umgibt, wie auch für sich selbst.

3

Tierra Santa –

Wahre Größe erfahren

Ich wusste, dass die Zeit, die ich hier verbrachte, nichts mit den Stunden und Minuten zu tun hat, die in meiner Welt als real gelten. Hier, bei meinem Lehrer, hatte die Zeit keinerlei Bedeutung. Jahre schrumpften zu Sekunden, in wenigen Stunden erlebte ich ganze Jahrzehnte. Gar nicht so einfach, da den Überblick zu behalten. Die Rückkehr in meine Alltagswelt nach diesen nächtlichen Ausflügen war nicht immer leicht. Es kostete Kraft. Aber alles, was Don Esteban mich lehrte, gab mir wiederum genügend Energie, um weiterzumachen. Ich bereitete mich immer gut vor, denn ich wusste nie, wann er mich zu sich nach Tierra Santa holen würde. Ich konnte diese Besuche nicht beeinflussen und kann es bis heute nicht.

Ich folgte meinem Lehrer, und wie so oft sprachen wir kaum, während wir gingen. Es war und ist die Zeit, die ich benötigte bzw. benötige, um nachzudenken und alles zu sortieren. Natürlich kam da hier und da ein Gedanke, der mir sagte, dass ich vermutlich nicht mehr ganz zurechnungsfähig sei. Und ebenso natürlich tauchten Zweifel auf. Aber die Zweifel zerstreuten sich, wenn ich das, was ich gelernt hatte, anwendete. Es funktionierte! Und wenn es funktionierte – auch an Klienten, die zu mir in meine Praxis kamen und die nichts von Tierra Santa wussten –, dann war mir das Beweis genug.

Wir ließen die Wüste zum ersten Mal hinter uns. Es war ein Übergang in eine neue Welt. Auch sie gehörte zu Tierra Santa. Aber diese Welt war anders, weil sie dem mehr ähnelte, was ich kannte. Es war die Welt der Städte und deren Bewohner, begrenzt durch einen Streifen aus dürren Bäumen. Er trennte den Sand der menschenleeren Wüste vom grünen Gras dieser besiedelten Welt. »Ich zeige dir etwas Neues, etwas, das du noch nicht kennst oder das du wieder vergessen hast.« Don Esteban hatte wieder sein verschwörerisches Lächeln aufgesetzt. Mittlerweile konnte ich es als Vorbote einer Prüfung für mich interpretieren. Wir folgten einem schmalen Pfad, der unter niedrigen Bäume in ein kleines Städtchen führte. Weiße Häuser, rote Ziegeldächer. In den Gassen konnte ich Bewegung erkennen. Noch wenige Schritte, dann setzten wir unsere Füße auf grobes Kopfsteinpflaster. Die Stadt wirkte freundlich auf mich, und ich fühlte mich sorglos wie ein Urlauber auf einer Besichtigungstour. Wir betraten eine schmale, kühle Gasse, von deren Ende wir auf einen großen Marktplatz blickten. Welch eine Masse von Menschen! Bunte Marktstände, Obst, Stoffe, alles, was das Herz begehrt. Wir traten auf den Platz und fanden uns in einer quirligen Menschenmenge wieder. Aber niemand nahm von uns Notiz, zumindest nicht von mir. Mein Lehrer unterhielt sich wenige Meter von mir entfernt äußerst angeregt mit zwei älteren Frauen in schwarzen Kleidern, während ich Mühe hatte, nicht ständig angerempelt zu werden. Ich versuchte, mir Luft zu machen, aber die Menschen nahmen mich offensichtlich nicht wahr. Alles bewegte sich dicht an dicht. Ich fühlte mich klein, ja, wie unsichtbar. Ich wurde angerempelt, aber niemanden schien das zu stören. Ich fühlte mich wie ein Spielball und hatte wirklich Angst, in dieser Menschenmenge zu ersticken. Endlich schaffte ich es, zu Don Esteban zu gelangen. »Haben die Leute hier denn keine Augen im Kopf?!«, rief ich ihm verärgert zu. Aber meine Stimme hatte keinerlei Kraft und schien gar nicht bis zu ihm vorzudringen, obwohl er direkt vor mir stand! Auch er blickte durch mich hindurch, als wäre ich aus Glas! »Don Esteban!«, rief ich kraftlos. Keine Reaktion! Mehr Menschen drängten sich zwischen uns und entfernten uns voneinander. Schon begann sich meine Mitte zu verschieben, alles an Kraft floss in meinen Angstpunkt, bereit, sich in reiner Panik zu entladen. Ich verlor alle Kraft. Meine Knie wurden weich. In diesem Moment war mein Lehrer wieder bei mir. »In seiner Mitte zu sein ist gut und schön«, flüsterte er mir zu, »aber wenn du deine Energie dort nur sinnlos hortest, so wie Geld auf der Bank, dann kann sie nicht in dein System fließen!« Ich begriff in etwa, was er meinte. »Lass uns gehen!«, rief er mir schon viele Schritte von mir entfernt über die Köpfe der Menschen hinweg zu. Ich folgte ihm, so gut ich es vermochte. Endlich hatte ich erschöpft den Rand der Stadt erreicht, wo Don Esteban bereits auf mich wartete. »Komm, gehen wir in die Wüste. Lass uns daran arbeiten, dass dein Energiekörper wieder richtig funktioniert!« Noch im Gehen setzte er nach: »Jesus Christus! Du siehst ja aus wie ein leerer Luftballon!« Er lachte noch lange über seinen Witz. Mir aber war das Lachen vergangen. Wir suchten wieder einen guten Platz, denn es gab genug zu tun, das war mir klar geworden.

Die Ausdehnung verbessern

»Wenn du die Kraft aus deiner Mitte gezielt strömen lässt, wird deine Ausdehnung unendlich, weit über die Zeit und über den Tod hinaus ...«

Dein Energiekörper sollte mindestens eine Armlänge über deinen physischen Körper hinaus in die Umgebung reichen. Er sorgt für Abgrenzung, Wahrnehmung, filtert das, was nicht zu dir gehört, heraus, schützt und stärkt dich. Er bildet letztlich auch die Physis, die nichts anderes als seine Verdichtung ist. Ein weit ausladender Energiekörper ist die Grundvoraussetzung für alles Zwischenmenschliche. Seine Ausdehnung entscheidet, wie wir auftreten, ob wir wahrgenommen werden und ob wir selbst imstande sind, all die Wunder um uns herum wahrzunehmen!

Übung 3:

Den Energiekörper ausdehnen (sich schützen)

- Gehe wie in Übung 1 (siehe S. 19) in deine Mitte.
- Lasse deine Hände auf deiner Mitte.
- Spanne, so fest du kannst, deinen Beckenboden an.
- Spanne den Bauch an.
- In dem Moment, in dem die Spannung am größten ist, »schleudere« den Bauch nach vorne, entspanne dich, und lasse die Hände zur Seite gleiten.
- Wiederhole das drei Mal.

Was geschehen wird:

Alle Energie strömt aus deiner Mitte in deinen Energiekörper. Er wird sich spontan ausdehnen! Je nachdem, wie viel Energie du hineinströmen lässt, kann er bis auf die doppelte Größe anwachsen! Er reicht dann mehr als zwei Armlängen in die Umgebung! Du wirst dich stark fühlen und mit ausgezeichneter Wahrnehmung ausgestattet sein! Du wirst dich sicher fühlen, da du nun einen richtigen Schutzschild um dich herum aufgebaut hast. Dein Blick wird klarer sein, dein Gehör besser! Es kann sein, dass du kleine Lichtblitze wahrnimmst! Das sind die Endpunkte deiner Aufmerksamkeit – ein starkes Energieband, das du in den Raum schleuderst! Du wirst besser wahrgenommen werden und sehr präsent sein. Deine Ausstrahlung wächst mit jeder Ausführung dieser Übung! Deine Träume werden bunter, aussagekräftiger und viel klarer sein. Deine Kommunikation mit der Natur verbessert sich, Tiere werden anders auf dich reagieren. Sie werden näher zu dir herankommen, weil du einen natürlicheren Zustand erreicht hast. Deine Interaktionen mit anderen Menschen werden sich verändern. Deine Intimsphäre wird nicht mehr verletzt werden, weil du sehr gut abgegrenzt sein wirst. Du wirst aufrichtiger sein, dein Wort wird wieder Gewicht haben! Auch deine Persönlichkeit wird sich mehr und mehr entfalten. Du wirst zu dem Menschen werden, der du von Natur aus bist!

Hilfestellung:

Don Esteban empfahl mir auch, spielerisch meinen Energiekörper und dessen Ausdehnung zu erfahren. Ich sollte mich mit geschlossenen Augen auf Bäume, Felsen oder Menschen zubewegen. In dem Moment, da ich eine Art Widerstand spürte, sollte ich spontan stehen bleiben und den Punkt z. B. mit einem Tuch markieren. Dann musste ich zurück zum Ausgangspunkt und versuchen, mehr Energie in mein System zu »pumpen«, um dann die Übung erneut zu machen. Immer eher spürte ich den Widerstand, was gleichbedeutend mit einer verbesserten Ausdehnung meines Energiekörpers war. Besonders gut kann man dies mit einem Partner üben! Auch Kinder lieben dieses »Spiel«, bei dem sie ganz einfach, mit viel Neugierde und Spaß ihr eigenes System zu verbessern lernen!

Annäherung an einen Felsen

- Ausgangsposition markieren
- mit geschlossenen Augen losgehen
- Kontaktpunkt markieren
- zurück zur Ausgangsposition
- Energie-Übung machen
- mit geschlossenen Augen losgehen
- Kontaktpunkt markieren
- vergleichen und verstehen

Annäherung zweier Personen

- Ausgangsposition und Mitte markieren
- mit geschlossenen Augen aufeinander zugehen
- Kontaktpunkt markieren
- zurück auf Ausgangspositionen
- Energie-Übung machen
- losgehen
- Kontaktpunkt markieren
- »Gewinner« ermitteln (Der Gewinner ist jener Mitspieler, der den größten Abstand zur Mittellinie hat. Warum? Er hat den Mitspieler zuerst wahrgenommen, hat also den besser ausgebauten Energiekörper.)

4

Tierra Santa –
Zuerst heile dich selbst

Es hatte lange gedauert, bis Don Esteban mich wieder zu sich holte. Ich war fleißig gewesen und fühlte mich stark und in meiner Mitte ruhend. Oft hatte ich Gelegenheit gehabt, die positiven Auswirkungen der Übungen, die er mir beigebracht hatte, zu erfahren. Ich wurde besser wahrgenommen und fühlte mich zugleich gut abgegrenzt. Und ganz so, wie er es vorausgesehen hatte, war mein Wort gewichtiger geworden.

Nun stand ich wieder hier, in der Wüste. Ich atmete ruhig die heiße Luft in meine Lungen und spürte ein Prickeln auf meiner Haut. Eine Eidechse zischte unmittelbar vor mir über den Sand. Sie schimmerte in allen Regenbogenfarben. Sie war riesig. Ich hörte das Geräusch, welches ihr Leib auf dem glühenden Sand machte. Plötzlich stand Don Esteban hinter mir. Er war mir ganz nah. Ich spürte seinen Atem in meinem Genick und fröstelte trotz der Hitze, die hier herrschte. »Heute wollen wir beginnen, dich zu heilen.«, raunte er mir ins Ohr. Ich wusste nicht, was er meinte. Ich war ja nicht krank und fühlte mich, bis auf ein paar Wehwehchen, ausgezeichnet. »Aber ich bin doch gesund!«, entgegnete ich. Er trat an meine Seite. »Und du glaubst wirklich, dass das Grund genug wäre, alles so zu belassen, wie es ist?« Ich wusste keine Antwort. »Du hast nicht die geringste Ahnung, wie es dir wirklich geht, oder?« Ich schwieg betreten. Was sollte ich dem entgegnen? Wir gingen ein paar Schritte. »Warte hier!«, befahl er und entfernte sich gute fünfzig Meter von mir. »Jetzt komm mit geschlossenen Augen auf mich zu!« Ich tat, wie mir geheißen. Was konnte schon großartig passieren? Ich war einige Schritte weit gekommen, als er rief: »Und jetzt lauf, so schnell du nur kannst!« Ich folgte seinem Befehl und trabte los, die Augen fest geschlossen. »Schneller, schneller!«, kam es von irgendwo vor mir. »Gib alles, was du hast!« Ich rannte, so schnell ich konnte. Die heiße Luft brannte in meinen Lungen. Plötzlich prallte ich gegen etwas Weiches und riss erschrocken die Augen auf. Ich stand still. Don Esteban war noch weit von mir entfernt. Mir war schwindelig. »Sieh genau hin!«, rief er mir zu. Ich wusste nicht, was er meinte, und starrte vor mich hin. Plötzlich sah ich in weniger als einer Armlänge von mir entfernt kleine, leuchtende, weiße Pünktchen, die einen seltsamen Tanz vollführten. »Nicht auf die Punkte! Schau dir das Ganze an!«, befahl er mir. Ich versuchte, mich nicht zu sehr auf die tanzenden Punkte zu konzentrieren. Endlich nahm ich so etwas wie eine feine Haut um mich herum wahr. Wie eine Seifenblase, schillernd und hauchdünn. Links von mir sah ich eine Delle in dieser Blase, eine Delle, die nach innen, also auf mich zeigte. Dann sah ich noch eine und noch eine, immer mehr kleine und große Dellen konnte ich erkennen. Sie waren überall. Schlagartig wurde mir klar, dass diese Dellen alte und neuere Verletzungen in meinem Energiekörper waren, die ich die ganze Zeit mit mir herumgetragen hatte! Und jetzt spürte ich auch den Druck, den jede dieser Einbuchtungen auf meinen physischen Körper ausübte. Noch dazu spürte ich zu jeder Verletzung eine entsprechende Emotion! Diesen Druck und die schwachen Emotionen hatte ich schon gespürt, wenn ich mich in der »Realwelt«, also außerhalb von Tierra Santa aufgehalten hatte. Ich hatte dem jedoch keinerlei Aufmerksamkeit geschenkt. Es war lästig gewesen, und es war naheliegend, alles auf die aktuellen Umstände zu schieben. Jetzt konnte ich all das zweifelsfrei zuordnen! Was für eine Erkenntnis! »Such dir eine bestimmte Delle aus!«, befahl mir Don Esteban. Ich fand auf Anhieb eine Beule genau über meinem Magen. Ich empfand sofort den Druck, den sie ausübte, und die dazugehörige Emotion. »Jetzt lege eine Hand auf deine Mitte, und bilde mit der zweiten eine Kralle, den Daumen nach innen!« Seine Befehle ließen keinerlei Widerspruch zu. »Sammle deine Energie, und wenn deine Kraft am größten ist, dann schlag auf die Delle ein! Du hast nur einen einzigen Schlag! Warte nicht zu lange!« Ich versuchte, was er mir befahl. Ich formte eine Kralle, wie ich es schon einmal in einem Karatefilm gesehen hatte. »Gut so!« Ich atmete tief in meine Mitte. »Zögere nicht!« Dann schlug ich mit aller Kraft zu! Der Schlag nahm mir den Atem, und ich taumelte zwei, drei Schritte vorwärts. Die Delle, auf die ich geschlagen hatte, bog sich nach außen, wurde kurz zu einer schillernden Ausbuchtung. Dann formte sie sich von außen zur Mitte der Blasenoberfläche zurück und kam zitternd zum Stillstand. Der Druck in meinem Magen war verschwunden, ebenso die Delle! Es fühlte sich großartig an! Ich fühlte mich befreit! Eine alte Last war von mir genommen, besser noch: Ich selbst war das Werkzeug dazu! Der Schlag hatte mich etwas erschöpft, und meine Wahrnehmung verlor an Klarheit. Die Blase um mich herum verschwand. Mein Lehrer lachte und wandte sich zum Gehen. »So geht das! Gar nicht so übel für den Anfang! Jetzt weißt du, was du zu tun hast!« Ich wollte ihm folgen und noch viele Fragen stellen, aber da wurde es dunkel um mich. Ich hatte das Gefühl zu fallen und fand mich einen Herzschlag später in meinem Bett wieder. Es war früh am Morgen, als ich aufstand, um ein Glas Wasser zu trinken. Ich fühlte mich so unglaublich leicht und befreit! Alles in mir lachte. So einfach ist es also! Jeder Einschlag, der von außen kommt, hinterlässt eine Delle in meinem Energiekörper! Verletzung und Prägung sind wirklich physische Prozesse! Mein System wieder auszubeulen, ist das Ziel! Es ist der Beginn der eigenen Heilung!

Den Energiekörper ausbeulen

»Alles, was du in deinem Leben an Verletzung erfahren hast, trägst du als Abdrücke in deinem System. Du selbst kannst dich davon befreien und alles wieder in einen natürlichen Zustand bringen ...«

Ist dein Energiekörper frei von Dellen, resultiert daraus ein ungestörter Energiefluss. So können keine Blockaden entstehen. Prägungen finden sich meist in diesen Dellen. Es sind »Eindrücke«, manchmal sogar richtige »Einschläge«, die dir im Laufe deines Lebens widerfahren. Durch das Ausbeulen erreichst du wieder einen natürlichen Zustand. Viele Resonanzen ändern sich dadurch, auch die Reaktionen der Außenwelt auf dich.

Übung 4:

Energiekörper ausbeulen

- Suche dir einen geigneten Platz im Freien, der über einen ebenen Boden verfügt, z. B. einen Fußballplatz, eine Wiese, einen Park – nimm ggf. jemanden mit, der dir assistiert).
- Gehe, wie in den Übungen zuvor, in deine Mitte.
- Schließe die Augen, und laufe los, gib alles dabei.
- Bleibe nach ca. 5 Metern abrupt stehen.
- Achte nicht auf weiße Pünktchen, sondern versuche, einen Blick auf das Ganze zu erzeugen (ins Nichts starren).
- Lege eine Hand auf deine Mitte, und bilde mit der zweiten eine Kralle (Daumen nach innen)!
- Sobald du eine Delle wahrnimmst (auch ein inneres Wissen »da ist eine Delle« genügt am Anfang), führe mit aller Kraft einen Schlag gegen diese aus.
- Beobachte, was geschieht, und beobachte deine Befindlichkeit (Emotion, Druck, etc.).
- Gehe wieder in deine Mitte.
- Bearbeite maximal zwei bis drei Dellen – bedenke: Deine Kraft wird mit jedem Schlag geringer. Gib dir Zeit, um aufzutanken.

Was geschehen wird:

Du befreist dich von alten Verletzungen. Das heißt, dass dein System wieder einen natürlichen Zustand erreicht! Druck und Emotion werden weniger. Mehr Energie steht dir zur Verfügung. Du löst auf wunderbare Art alte emotionale Verstrickungen, ohne dabei ständig die Vergangenheit bemühen zu müssen. Du tust dies im Hier und Jetzt! Resonanzen im Leben und die Kommunikation mit deinen Mitmenschen verändern sich absolut positiv. In den Dellen liegen oft alte Prägungen, die du so verlieren kannst. Deine Vergangenheit hat keine Macht mehr über dich! Deine Lebensenergie kann viel besser zirkulieren. Deine Physis erholt sich zusehends, weil organischer Druck, der durch die Dellen bedingt war, wegfällt. Leichtigkeit, Unabhängigkeit von den Umständen und persönliche Freiheit werden eine wichtige Position in deinem Leben einnehmen! Du lernst, unmittelbar zu reagieren. Heilung geschieht im Moment bzw. sofort, wenn du auf aktuelle Situationen reagierst. Wenn eine Delle entstanden ist, kannst du sie rasch wieder ausbeulen. Du lagerst keine neuen Prägungen an. Und vor allem: Du beginnst, dich selbst zu heilen!

Wenn die Dellen im Rücken liegen

Nicht alle Dellen finden sich an der Vorderseite unseres Energiekörpers. Da wir aber »frontale Wesen« sind, finden sich die meisten dort. Jene Dellen, die z.B. im Rücken liegen, bearbeitest du, indem du eine schnelle Drehung ausführst. Diese muss aber wirklich mehr als nur »flott« geschehen. Du drehst dich sozusagen innerhalb des Energiekörpers. Der benötigt dann minimale Zeit, um sich »mitzudrehen«. Diese Zeit nutzt du für den Schlag. Wenn deine Wahrnehmung gut funktioniert, kannst du Dellen im Rücken auch »sehen«, wenn du nach vorne blickst. Warum? Nun, weil unsere Wahrnehmung generell über den Energiekörper läuft. Unsere Augen dienen mehr der Überprüfung des Wahrgenommenen. Wenn dein System sehr gut funktioniert, wird es dir auch möglich sein, Dellen bei anderen Personen zu entfernen. Teamwork ist auch hier eine tolle Sache!

Hilfestellung:

Wenn sich eine Delle nicht beim ersten Versuch ausbeulen lässt, dann versuche es immer wieder! Gib nicht auf, aber übertreibe es nicht! Manche Verletzungen sitzen tief, ebenso die damit verbundenen alten Muster, die du aber nicht mehr brauchst. Mitunter benötigst du ein wenig mehr Zeit und Hingabe, um die Dellen auszubeulen.

Freue dich darüber, wenn sich die Resonanzen und Interaktionen mit anderen Menschen ändern! Dies zeigt an, dass du wieder eine Prägung verloren hast!

Vieles kann sich in deinen Träumen zeigen. So manche »alte Geschichte« kann nun endlich ein für alle Mal abgeschlossen und verarbeitet werden!

Je mehr Prägungen du verlierst, desto mehr nimmst du die Welt wahr, wie sie wirklich ist: voller Kraft, geheimnisvoll, voller Chancen und Möglichkeiten! **Die Welt ist ein Wunder, und du bist nicht nur ein Teil davon, du selbst BIST das Wunder, weil du Wunderbares tust!**

Zum exakten Entfernen von Prägungen siehe Übung 7 (S. 77).

5

Tierra Santa –

Die Persönlichkeit entdecken

»Weißt du eigentlich, wer du wirklich bist?« Diese Frage hatte mir Don Esteban gestellt, als wir losgegangen waren. Jetzt, Stunden später, wie es mir schien, wusste ich noch immer keine Antwort. Ich dachte darüber nach, dass ich Heiler war, aber was sagte das schon über mich aus? Ich war verunsichert. Wer war ich wirklich? Während unseres schweigenden Marsches hatte sich die Landschaft merklich verändert. Nun ging die Sandwüste in eine Ebene aus weißem Gestein über. Der Boden war wie blank gefegt. Voller tiefer Risse. Beinahe wie ein zu Stein erstarrter Gletscher. Ich folgte meinem Lehrer, der mich noch immer mit meiner Frage allein ließ. Er gab mir Zeit. Das Bild, das ich von mir hatte, war unvollständig. Es deckte nur ein wenig meiner persönlichen Geschichte ab. Mein Werdegang zum Heiler, meine Beziehungen, die Reisen, die ich gemacht hatte ... – mehr auch nicht. Don Esteban blieb stehen. Beinahe wäre ich in ihn hineingelaufen. Er wandte sich mir zu. »Viel klüger als vorhin bist du jetzt aber auch nicht!« Sein Lachen schmerzte mich ein wenig. Mein Stolz war angeknackst. »Jesus Christus! Du wirst doch wohl wissen, wer du bist!« Er lachte schallend, und ich fühlte mich beleidigt. Alles, was von mir als Antwort kommen würde, wäre falsch, so viel stand fest. Alles, was ich hervorbrachte, war: »Du sprichst oft von Jesus.« Mein Scherz kam nicht an. »Er ist ein feiner Kerl«, meinte Don Esteban, »wenn wir uns treffen, lachen wir viel über euch Menschen!« Mein Ego war angegriffen, und ich reagierte schmollend wie ein Kleinkind. »Genau wie ein kleines Baby!«, provozierte er weiter. Ich wünschte mich zurück in mein Bett. »Ist das Baby müde?«, bohrte er nach. »Gedanken lesen kannst du also auch noch?«, maulte ich zurück. »Natürlich, und das besser als du!«, spottete er. Ich gab auf und ließ mich auf den Boden nieder. »Aha, der Herr streikt!« Don Esteban lachte wieder schallend. Wer war ich denn, dass ich so mit mir reden ließ? Womit ich wieder bei der anfänglichen Frage angelangt war! Es war zum Davonlaufen! Wer war ich wirklich? Hier, mitten in einer mehr oder weniger existenten Steinwüste irgendwo in einer super-realen Traumwelt gelangte ich an meine Grenze. Ich wusste, was ich tat, aber nicht, wer ich war! Wer tat all die Dinge? Das Heilen, die Vorträge, das Bücherschreiben? Don Esteban setzte sich stöhnend neben mich. »Leg dich hin!«, befahl er mir mit einer Stimme, die keinerlei Widerspruch duldete. »Die Hände auf deine Mitte! Mach alles, was du bisher gelernt hast ... Und ich hoffe, du hast WIRKLICH etwas gelernt, Compadre!« Ich legte mich auf den Rücken und versuchte, vom Kopf wieder in meine Mitte zu kommen. Ich dehnte mich aus. Die Gedanken wurden weniger. Der Zwang, wissen zu wollen, verschwand. »Geh zurück, ganz weit! Erinnere dich daran, WAS du bist!« Um mich wurde es Nacht. Bilder tauchten auf: Steinzeitliche Jäger bewegten sich um mich herum. Ich hielt einen Speer in der Hand. Ich schleuderte ihn. Ich erlegte Wild. Ich war ein Jäger. Dann sammelte ich Beeren und Kräuter, ich war ein Sammler. Dann ein neues Bild, in dem ich jemanden behandelte, damals, weit vor meiner Zeit – ich war ein Heiler. Ich erkannte, dass alles in mir war. Vom Anbeginn der Zeit. Die gesamte Evolution war in mir, in jedem von uns! Das Universum, die heilige Geometrie, die es zusammenhält, die vier Elemente, Tiere und Pflanzen! Alles ist in mir, das erkannte ich in diesem Moment. »Das BIST du! Alles steht in einem ganz bestimmten Verhältnis zueinander! Dieses Verhältnis bildet deine Persönlichkeit!« Die Worte meines Lehrers drangen aus weiter Ferne zu mir und meinen Bildern durch. »Es ist wichtig, dass dir das bewusst wird!« Ich verstand, was er meinte. »Aber es ist nicht das WISSEN, das dich zu dem macht, der du bist! Es ist die ERFAHRUNG!« Neue Bilder strömten auf mich ein. Ich war das Feuer, das Wasser. Ich WAR die Luft und die Erde, war Jäger und Sammler, Vater und Sohn, war auch Tochter und Mutter. Ich war reine Energie, aber auch Pflanze und Fels, ich war die Sonne und der Mond. Ich war ALLES. Dann holte Don Esteban mich aus meinen Bildern zurück. Ich war verwirrt und sprachlos. »Du hast verstanden, was ich dir damit zeigen wollte?« Ich nickte dankbar. »Dann lass uns gehen, um herauszufinden, welche deiner Grundstrukturen heute bearbeitet sein will!« Mühsam erhob ich mich. »Lass uns deine Persönlichkeit entdecken, lass uns Nägel mit Köpfen machen – so nennt ihr das doch, oder?!« Don Esteban lachte, und ich lachte mit ihm. Wir gingen los und erreichten nach kurzer Zeit den Eingang einer Höhle. Ganz ohne Zweifel sollte ich dort hinein. »Was soll ich da drinnen tun?« Es schien, als ob er nachdachte, aber er gab mir wohl eher die Chance, selbst meine Schlüsse zu ziehen. »Ich soll mir selbst begegnen?« Don Esteban lächelte milde. »Nicht so schnell! Erst einmal begegne dem, woraus du gemacht bist: den Elementen!« Ich ging in die Höhle und war augenblicklich zurück in meiner Welt. Am nächsten Tag machte ich mich auf, den Elementen zu begegnen, und das war spannender, als ich zu hoffen gewagt hatte.

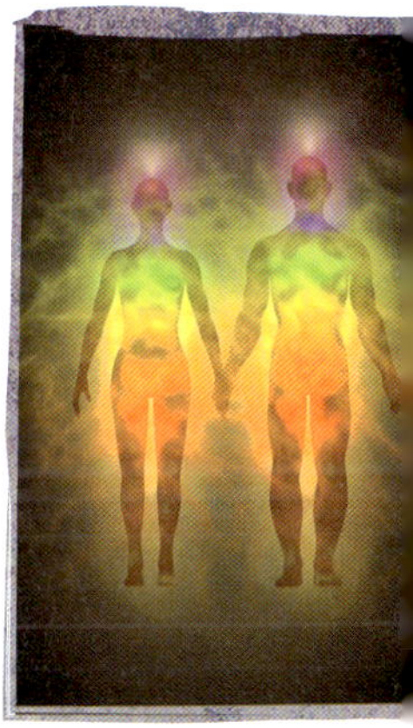

Den Elementen begegnen

»Beginne mit den einfachen Dingen! Es hat viel mit Erinnerung zu tun, denn alles ist bereits in dir ...!«

Alles, was war, alles, was im Universum existiert, findest du anteilsmäßig auch in dir. Alles trägst du in deinem System! Nicht nur offensichtliche Strukturen, wie männlich oder weiblich, sondern auch die vier Elemente, aus denen du letztlich bestehst. Diese Elemente haben weit mehr Einfluss als nur auf physischer Ebene. Sie stellen auch Wesenszüge dar. Und sie sind weit mehr als nur ein Symbol für ebendiese. Meist bist du dir dieser Elemente nicht wirklich bewusst. Sie treten kaum in Resonanz mit deiner Umwelt. Werden sie dir aber bewusst, erlebst du dich als die Elemente, und dein Verständnis für dich, das Universum, selbst für Gott wird ein völlig neues sein! Feuer, Erde, Wasser und Luft nicht nur im Außen, sondern als Teil deiner selbst zu erfahren, ist wichtig. Denn diese Erfahrungen machen dich ganz. Du wirst dir deiner Verbindung mit allem bewusst. Du bist ein wichtiger Teil eines großen Ganzen, das es ohne dich nicht gäbe.

Übung 5:

Den Elementen begegnen

Für diese Übung braucht es ein wenig Vorbereitung. Aber sei unbesorgt, sie wird dir leicht von der Hand gehen, wenn deine Wahrnehmung bereits recht gut funktioniert!

Vorbereitung:

- Nimm dir ein paar Tage Zeit, um dir klarzuwerden, welches der vier Elemente dich momentan am meisten anspricht. Vertraue der Resonanz, dass gerade dieses Element das richtige sein wird!
- Schaffe dir ein Umfeld, in dem du nicht gestört wirst. Zeitlich eignet sich am besten der Abend. Perfekt ist es, im Freien zu arbeiten.
- Lasse dir Zeit, es gibt hier nichts, was du erzwingen müsstest.
- Begib dich in die Nähe des Elementes, mit dem du arbeiten willst. Im Freien würdest du z. B. für das Element Wasser einen kleinen Bach, einen Wasserfall oder See wählen. Drinnen genügt eine Schale Wasser. Für das Feuer ein Lagerfeuer oder drinnen eine Kerze. Erde kann im Freien ein Acker sein, der frisch gepflügt ist, drinnen eine Schale mit Erde. Auch ein Stein oder Felsen ist gut geeignet. Die Luft wäre draußen der Wind. Drinnen wirst du dir mit einem Symbol behelfen müssen, auch der Rauch aus einer Räucherschale funktioniert (wobei hier der Arbeit im Freien der Vorzug zu geben ist).

Nun die eigentliche Übung:

- Sorge dafür, dass dein System so viel Energie wie möglich zur Verfügung hat. Weite deinen Energiekörper auf ein Maximum aus. Achte besonders auf deine Mitte!
- Sorge dafür, dass sich das Element, mit dem du arbeiten möchtest, in deiner unmittelbaren Nähe befindet. Du wirst mit ihm in Resonanz treten! Deine grundlegenden Strukturen werden auf diesen Reiz reagieren und erwachen!
- Lege dich auf den Rücken, die Hände auf deiner Mitte.
- Konzentriere dich auf das Element. Stelle es dir vor. Rieche und fühle es, lasse dich ganz auf dieses Bild ein.
- Wenn du eine gute Verbindung zu dem Element fühlst, dann führe Übung 3 (Energiekörper ausdehnen, siehe S. 33) im Liegen (!) durch. Mit jedem Ausdehnen deines Systems gerät die Grundstruktur (z. B. Grundstruktur Erde) mit dem entsprechenden Element (Erde) in Resonanz. Führe Übung 3 immer und immer wieder aus. Lege viel Kraft hinein.
- Nach einigen Anläufen wirst du dich fühlen, als ob du Erde wärst, du wirst »Erde sein«. Genieße dieses Gefühl. Verbinde dich ganz und gar mit diesem Element! Du kannst diese Übung so oft wiederholen, wie du möchtest, aber achte darauf, genügend Energie dafür zu haben.

- Führe die Übung mit allen Elementen aus.
  Nimm dir Zeit! Es hat keinen Sinn, alles auf einmal zu wollen!

Was geschehen wird:

Du wirst dich an alle Elemente erinnern. Mehr noch, du wirst sie sein! Sie machen dich zu dem, was du bist!.Feuer, Erde, Wasser und Luft, ihr Verhältnis zueinander – all das ist ein Teil deiner Persönlichkeit. Du wirst eine tiefe Verbundenheit mit der Natur empfinden. Und weil du selbst diese Natur bist, wirst du diese Verbundenheit auch mit deinem Selbst empfinden! Du bist ein wichtiger Teil des Ganzen, so wie alles andere ein ebenso wichtiger Teil von dir ist. Hier ist DIE Gelegenheit, vom Wissen in die direkte Erfahrung zu kommen. Natürlich weiß beinahe jeder, dass in ihm eine Art Feuer brennt (Aufrechterhaltung der Körpertemperatur durch Verbrennung), aber nur die wenigsten Menschen haben sich jemals auch als dieses Feuer gefühlt! Natürlich »wissen« wir, dass wir zu über 70 Prozent aus Wasser bestehen, und auch, dass wir weitere Elemente in uns tragen.

Durch diese Übung wird eine Verbindung hergestellt! Hier erfährst du dich als eben diese Elemente, die dich bilden. Du erfährst dich selbst! Dieses »Sicherinnern« bringt unendlich viel an positiver Veränderung mit sich: Ein tiefes, echtes Verständnis für die Natur und eine Bewusstwerdung von Körper, Geist und Seele! Sich selbst erfahren heißt die Welt erfahren! Mit dieser direkten Form des Erinnerns und Erfahrens beginnt ein neuer Abschnitt auf deiner Reise zum Selbst. Du dringst tiefer in all das ein, was vielen verschlossen bleibt. Du entdeckst dein wahres Selbst!

Hilfestellung:

Don Esteban lehrte mich, die Dinge langsam anzugehen. »Es ist eine ernste Krankheit, die euch Menschen befallen hat: alles auf einmal zu wollen!«

Das Kennenlernen der Elemente, die in dir vorhanden sind, ist spannend und fordernd zugleich. Das Verhältnis von Feuer, Erde, Wasser und Luft in dir macht einen großen Teil deiner Persönlichkeit aus. Schritt für Schritt vorzugehen, ist hier der beste Rat! Deine Persönlichkeit, dein Charisma, deine Ausstrahlung entwickeln sich nicht über Nacht. Und trotzdem sind die Veränderungen gewaltig. Wenn du dich nur einmal als das Element Feuer gefühlt hast, bist du es auch.

Dein inneres Feuer wird brennen und dich stark und leuchtend machen! Das Wasser wird dich beweglich, die Erde ruhig und die Luft schnell machen! Mein Lehrer in Tierra Santa riet mir, mich immer wieder mit den Elementen zu beschäftigen. Sei es in der Meditation oder durch direkten Kontakt. Suche die Elemente auf. Experimentiere mit ihnen. Nimm dir die Zeit, die Erde zu fühlen oder die Hitze eines Feuers in dich aufzunehmen. Spüre die Kraft eines klaren Gebirgsbaches, und lasse dich vom Wind berühren. In der Natur hast du hierfür die besten Voraussetzungen. Nimm dir die Zeit, in dieses Wunder, aus dem du bestehst, einzutauchen. Werde zu dem, woraus du gemacht bist, werde ganz und heil! Erinnere dich an deinen Ursprung, und schaffe dir so ein neues, natürliches Selbstvertrauen.

6

Tierra Santa –
Der nächtliche Jäger

Ich fand mich auf einer Anhöhe wieder. Es war schon am späten Abend, kurz bevor die glutrote Sonne hinter dem Horizont verschwinden würde. Nach einem langen Arbeitstag hatte mich Don Esteban zu sich geholt. Ein Teil von mir lag noch in meinem Bett, aber nicht lange – und ich war wirklich hier, mit all meinen Sinnen. Mein Lehrer kam auf mich zu. Er lächelte sanft, und das verhieß nichts Gutes. »Du bist bereit?« Eigentlich war es mehr eine Feststellung als eine Frage. Ich nickte unsicher. »Mach deinen Energiekörper groß, und erwecke dein Feuer in dir! Du wirst es brauchen. Die Nacht kommt schnell!« Ich gehorchte und ging in meine Mitte. Die Ruhe kam, mit ihr die Kraft. »Gut, du hast geübt«, lobte Don Esteban und lachte leise vor sich hin. »Jetzt das Feuer … Mal sehen, ob es zu einem echten Feuer oder bloß zu einem Funken reicht.« Ich erinnerte mich an die letzten Tage und fühlte die Hitze sich aus meiner Mitte ausbreiten. Ich strengte mich an, die Erinnerung an mein inneres Feuer noch zu steigern. Ich stellte mir Flammen vor, die vor mir loderten, und hoffte, dass meine eigene Feuerstruktur noch mehr darauf reagieren würde. Aus dem Augenwinkel nahm ich Don Esteban wahr. Er schien zu tanzen oder sich um die eigene Achse zu drehen. Er schwang den rechten Arm wie ein Lasso. Plötzlich kam Wind auf und mit dem Wind eine undurchdringliche Dunkelheit. Alles verschwand um mich. Die Schwärze um mich war physisch, ölig, dicht. Irgendwo aus dem Nichts drang die Stimme meines Lehrers zu mir durch: »Mach das Beste daraus, und versuche, dich daran zu erinnern, was noch in dir ist!« Ich verstand zuerst nicht, was er wohl meinte. Panik stieg in mir auf. Mich erinnern, was noch in mir sei? Mein Verstand begann zu holpern. Das Feuer! Natürlich! Ich musste es nur entfachen und würde alles um mich beleuchten können, wie eine kleine Sonne! Ich mühte mich ab, mehr Energie in meine Mitte zu bekommen. Mir wurde zwar furchtbar heiß, aber alles um mich blieb im Dunkel. Ärgerlich über meine Überheblichkeit ließ ich mich niedersinken, bereit, mich in mein Versagen zu ergeben. Erleuchtung sah wahrhaftig anders aus. Ich war auf allen vieren, und plötzlich schien es mir, als befände ich mich auf der Spitze eines Berges. »Nun mach schon! Erinnere dich endlich!« Don Estebans Stimme kam von weit, weit unter mir. Meine Mitte war im Begriff sich aufzulösen, und alle Energie strebte pulsierend meinem Angstpunkt zu. Woran sollte ich mich erinnern? Dann machte irgendetwas in mir »klick«. Vor vielen Jahren, in den Regenwäldern Ecuadors, war ich mithilfe eines anderen Lehrers, einem Schamanen der Shuar, nachts zum Jaguar geworden. Ich erinnerte mich an das Ritual. Das war es! Ich war ja auch Tier, war Jaguar! Als ich mich daran erinnerte, änderte sich alles. Ich dehnte meinen Energiekörper aus, soweit es ging. Resonanz entstand. Bilder vom Regenwald und dem Schamanen tauchten auf. Dann ein Knurren, das tief aus mir selbst kam, und ich wurde wieder zu diesem nächtlichen Jäger, ich wurde zur Nacht. Auf allen vieren, geduckt wie eine Raubkatze, begann ich, nur fühlend und schnuppernd, meine Umgebung zu erkunden. Ich spürte jeden Kiesel unter meinen Händen. Jeder Windhauch war voller Information. Wer braucht schon Augen, wenn man auf andere Instinkte zurückgreifen kann! Ich tastete mich vorwärts und wusste mich an einem Abhang.

Meine Bewegungen wurden flüssiger, schneller! Ich ging in die Hocke und nahm Witterung auf. Meine Aufmerksamkeit war mir voraus. Das Gefühl, ein Teil der Nacht zu sein, war grandios! Ich folgte meinem Instinkt und wandte mich nach rechts. Weiter bergab, schneller werdend, nach links, immer der Nase nach. Ich folgte einer Fährte aus Energie. Ich sah die feinen weißen Fäden aus Licht vor mir: Reste fremder Aufmerksamkeit. Dann war ich angekommen. Ich blieb in der Hocke und horchte in die Finsternis. Was ich wahrnahm, war mein pochendes Herz, das Herz des Jaguars, des nächtlichen Jägers. »Das war gar nicht schlecht!« Mein Lehrer stand nur wenige Zentimeter neben mir. Ich roch ihn und fühlte seine Gegenwart. »Alle Energie, die sonst in deine Angst geflossen wäre, wurde zu Instinkt, zu reiner Aufmerksamkeit. Fast wärest du gescheitert, aber du hast dich zum Glück daran erinnert, dass deine Art auch einmal Tier war.« Ich erhob mich langsam und dankte ihm für seine Lektion. »Wie kann ich das üben?«, fragte ich ins Dunkel. »Ganz einfach, verbünde dich mit der Nacht, liefere dich ihr aus, und du hast keine andere Chance, als dich daran zu erinnern, was du einmal warst und immer noch bist!« Ich wusste, dass er lächelte, dann brachte er mich zurück.

Die Angst in Aufmerksamkeit wandeln

»Verbünde dich mit der Nacht, dann wird sie dich nicht das Fürchten lehren, sondern deine Aufmerksamkeit steigern und deine Instinkte wieder wecken!«

Was du brauchst, ist Aufmerksamkeit! Wahrnehmung! Aktionsfähigkeit! In uns allen, auch in dir, schlummert nicht die Bestie, sondern ein Wesen, dessen Lebensraum die Nacht ist. Es ist der nächtliche Jäger, der sich ohne Angst und sich an seinen Instinkten orientierend zu bewegen weiß. Du bist ein Teil dieser Nacht, die auch ein Teil von dir ist. Aber sie hat nichts Bedrohliches! Dies sind nur alte Prägungen, die du getrost entsorgen kannst, indem du deinen Energiekörper ausbeulst (siehe S. 44). Die Nacht ist mystisch und magisch, genau wie du es bist. Sie bietet eine breite Projektionsfläche für die Bilder unserer Seele. Sie ist natürlich – und die Natur ist doch unsere wahre Mutter! Ihr und der Nacht zu begegnen, ist eines der spannendsten Dinge, die du tun kannst. Nichts wird danach mehr so sein wie zuvor! Du wirst eine neue Verbündete kennenlernen, eine Lehrerin, die dich Stärke, Urvertrauen, Instinkt und neue Beweglichkeit in allen Lebenssituationen lehren wird!

Übung 6:

Zur Nacht werden – Angst in Aufmerksamkeit wandeln

Diese Übung erfordert ein wenig Mut (oder auch Neugierde!) und eine gut trainierte Mitte. Sie wird dich lehren, deine Instinkte neu zu beleben. Deine Aufmerksamkeit wird sich immens steigern. Sie ist die Technik der Krieger und Jäger. So wie ich selbst, wirst auch du diese Übung ein wenig scheuen, und es kann etwas dauern, bis du dich imstande siehst, dich darauf einzulassen. Aber glaube mir, je eher du dich entscheidest, desto leichter und spannender wird es!

Vorbereitung:

Gewöhne dich an die Dunkelheit. Verbinde deine Augen, und versuche, dich einige Stunden in deiner Wohnung zurechtzufinden. Vergiss nicht, dass dein Energiekörper alles wahrnimmt, was um dich herum geschieht! Habe dabei Vertrauen, und achte darauf, in deiner Mitte zu bleiben. Versuche, so viel wie möglich mit geschlossenen Augen zu erledigen. Beschäftige dich mit nachtaktiven Tieren. Lies über sie, schau dir Dokumentationen an, lerne sie im Zoo kennen. Tritt mit ihnen in Resonanz.

Die eigentliche Übung:

- Suche dir am Tag einen Platz in der freien Natur. Am besten geeignet ist eine Waldlichtung. Es sollte ein Ort sein, an dem keine Gefahren im Sinne von z. B. Abgründen lauern! Nimm dir genug Zeit, diesen Ort zu finden!
- Wenn du diesen Ort gefunden hast, fixiere einen Termin, an dem du ihn besuchen wirst. Am besten bei Neumond – je dunkler die Nacht, desto besser!
- Bereite dich auf diesen Termin vor, indem du täglich an deinem Energiekörper (ausbeulen, vergrößern) arbeitest. Trainiere jeden Tag deine Mitte!
- Suche den Ort, den du gewählt hast, in der Abenddämmerung auf. Ziehe dich warm an (der Jahreszeit entsprechend), und verzichte bewusst darauf, eine Taschenlampe mitzunehmen!
- Wenn es dunkel wird, entzünde ein einziges Teelicht, und warte so lange, bis es wirklich stockdunkel ist.
- Lösche das Teelicht.
- Atme in deine Mitte, und achte darauf, den Angstpunkt frei zu halten. Erinnere dich währenddessen an die nachtaktiven Tiere. Bitte z. B. den Jaguar darum, bei dir zu sein.
- Gehe in die Hocke, lasse die Hände dabei am Boden, und versuche, dir deiner Umgebung mit geschlossenen Augen bewusst zu werden. Achte auf Gerüche, Geräusche, den Wind. Wenn dich deine Aufmerksamkeit in eine bestimmte Richtung zieht, dann gib nach. Lasse dich führen!

- Du wirst bemerken, dass es einen Punkt gibt, an dem du das alles spannend und aufregend finden wirst! Das ist der beste Moment, um sich mit der Nacht zu verbünden! Wenn es so weit ist, stehe auf, und weite mehrmals deinen Energiekörper wie in Übung 5 (siehe S. 53). Nimm die Nacht in dich auf! Werde zum nächtlichen Jäger, werde selbst zur Nacht. Nimm dir dafür so viel Zeit, wie du willst. Genieße den Zustand!

- Zum Abschluss der Übung kannst du beginnen, dich in der näheren Umgebung zu bewegen. Bleib am besten in der Hocke oder auf allen vieren! Achte darauf, was du wahrnimmst!
- Wiederhole die Übung mehrmals im Abstand von mindestens einem Monat.

Was geschehen wird:

Ganz zu Beginn wirst du vermutlich nach Ausreden suchen, die Übung nicht machen zu müssen. Auch ich war da sehr kreativ! Es wird dich auch ärgern, dass dein innerer Schweinehund dich so massiv auszubremsen versucht. Aber sei dir sicher: Der innere Schweinehund taucht nur dann auf, wenn es wirklich um etwas Wichtiges geht! Er lässt uns alles tun, bei dem nicht das Geringste an Veränderung zu erwarten ist! Aber wehe, es geht um Weiterentwicklung, das Überwinden von Grenzen, das Unterbrechen der Routine! Dann taucht er auf und nörgelt. Aber sei ihm dankbar! Denn er zeigt an, dass du genau jetzt die Möglichkeit hast, einen echten Quantensprung zu machen!

Die Übung bewirkt, dass deine Mitte noch stabiler wird – das bedeutet nichts Geringeres, als dass dich nur sehr, sehr wenige Dinge aus der Ruhe bringen werden! Ganz egal, wo, ob im Beruf oder in der Familie, du wirst zum absoluten Fels in der Brandung! Deine Energie wird sich mit aller Kraft in deinen Energiekörper entladen und ihn weiten. Das heißt, er wird extrem groß, und deine Wahrnehmung verbessert sich immens! Da du verhinderst, dass die Energie in den Angstpunkt strömen kann, wird deine Wahrnehmung absolut frei von Angst sein – so springen deine Instinkte wieder an! Zudem verfügst du in diesem Moment über ein gewaltiges Energiepotenzial! Wenn du dann deine Aufmerksamkeit auf einen bestimmten Punkt im Dunkeln – auf ein Geräusch oder eine Lichterscheinung – lenkst, »schleuderst« du ein extrem starkes Bündel an Energie dorthin. Dieses Bündel ist nichts anderes als geballte Aufmerksamkeit! Das geschieht ganz von selbst, aber nun wirst du dir dessen bewusst! Du wirst die Aura der Bäume sehen können und Energie, die am Boden entlangströmt. Du wirst deine eigenen energetischen »Fußabdrücke« wahrnehmen und vieles mehr! Du wirst Wasser riechen können und wissen, wie man gute von schlechten Plätzen unterscheidet. Und du wirst im Alltag, z. B. im Beruf, davon profitieren! Mehr als andere wahrnehmen zu können, aufmerksamer und ohne Angst zu sein, Spuren lesen zu können, das alles sind Fähigkeiten, die man nicht unterschätzen sollte! Du wirst wieder Jäger sein, ohne Furcht, aber ausgestattet mit allem, was man braucht, um erfolgreich, stark und ohne Angst zu sein!

Hilfestellung:

Vieles, was wir über die Nacht zu wissen glauben, und unsere Empfindungen dazu, entstanden aus alten Prägungen. Aber diese Prägungen, die uns einmal vor Gefahren schützen sollten, sind mitunter etwas überholt. Mit Ausnahme bestimmter Gegenden wird man nachts, speziell in der Natur, hauptsächlich mit der eigenen Angst konfrontiert. Kettensägenmörder, die nachts irgendwo im Gemüse sitzen und monatelang darauf warten, dass gerade du daherkommst, um deine Angst in Aufmerksamkeit zu verwandeln, sind dann doch eher die Ausnahme. Feindliche Soldaten, deretwegen man nächtliche Wälder meiden sollte, sind auch nur in Kriegsgebieten zu erwarten. Den großen bösen Wolf gibt's nur im Märchen, und irgendwelche Dämonen und Vampire sind auch eher im Kino und einschlägigen Büchern anzutreffen. Weitaus gefährlicher ist da schon der Großstadtdschungel! Dennoch hüte man sich davor, eine Stelle im Wald zu wählen, die von Wildschweinen oder betrunkenen Campern frequentiert wird. Beides ist störend, Ersteres sogar gefährlich. Also: Mache dich vorher kundig! Warum das Taschenlampenverbot? Nun, seien wir ehrlich: Wenn du eine Taschenlampe mitnimmst, dann schaltest du das Ding ein und aus, und ein und aus usw. Daher die Beschränkung. Keine Ablenkung! Zudem ergibt es keinen Sinn, mit einer Taschenlampe bewaffnet gegen einen »ganzen Kontinent« voller Nacht anzukämpfen. Die Nacht ist in der Übermacht, und wir sind ihr in unserem Versuch, Licht zu erzeugen, absolut unterlegen! Daher der gänzliche Verzicht bis auf das Teelicht zur anfänglichen Orientierung. Erinnere dich, dass du als Kind der Nacht noch eher mit Neugierde gegenüberstandest! Erst mit dem Älterwerden entwickelten wir unsere Vorurteile und Ängste der Nacht gegenüber. Daraus resultiert wohl auch der moderne Beleuchtungswahnsinn, der jedes Eigenheim zur bunt und grell erleuchteten »Energievernichtungsanlage« macht. Man spricht heutzutage schon von »Lichtverschmutzung«. Wie wohltuend ist da eine Nacht im Wald, mit nichts als den Sternen über dir und einer gewaltigen Kraft und Schönheit um dich herum, die sich dir zeigt, wenn du dich dafür öffnest! Begegne der Dunkelheit mit echter Freundschaft. Sie ist ein Teil deiner Welt! Gib der Nacht und ihren Wundern die Chance, auch wieder ein positiver Teil von dir zu werden, du wirst es nicht bereuen! Und vergiss eines nicht: Dunkelheit ist nur das Licht, das man nicht sieht!

7

Tierra Santa –

Befreie dich!

»Es ist an der Zeit, dass du dich endlich von deiner Vergangenheit lossagst!« Don Esteban machte keine Scherze, das wusste ich schon seit Langem. Und was er da von mir forderte, kam mir ungemein gelegen. Immer wieder war ich in alte Muster zurückgefallen. Er hatte mich lange nicht mehr zu sich geholt. Ich war über zwei Monate damit beschäftigt gewesen, alles, was er mich gelehrt hatte, zu vertiefen. Die Sonne stand tief und hüllte uns in ihr rotes Licht. Wir waren wieder in der Wüste. Rings um uns nur Sand, endlose Dünen, dazwischen einige wenige Kakteen, mannshoch und irgendwie bedrohlich. Don Esteban schlenderte voran, und ich folgte ihm, den Kopf voller Sorge um das Bevorstehende. Schließlich erreichten wir einen kleinen Wald aus Kakteen. »Sieh dir deine Vergangenheit an!«, befahl er und deutete auf den Wald aus Stacheln vor mir. Ich trat näher und erkannte in den Pflanzen Gesichter. Jedes Gesicht hatte Ähnlichkeit mit mir. Hier war ich ganz jung, keine fünfzehn Jahre alt, dort war ich schon mindestens dreißig. »Alles, was du erlebt hast, ist in dir gespeichert. Ihr nennt das Eindrücke oder Prägung. Und warum wohl wählt ihr so einen physischen Begriff? Ich sage dir, warum: weil es eine physikalische Sache ist! Du hast jede Menge Dellen in deinem Energiekörper. Und am Grunde jeder dieser Dellen sitzt das, was ihr Prägung nennt. Sie sitzt da und wartet nur darauf aufzuwachen, in Bewegung zu geraten! Das kostet dich jede Menge Energie!« Ich fühlte mich unwohl bei dem Gedanken, wie mein System über viele Jahre und Jahrzehnte immer mehr dieser Dellen samt Prägungen abbekommen hatte. »Wie werde ich sie los?«, fragte ich vorsichtig meinen Lehrer. Er winkte mich zu sich, und ich war froh, die Kakteen mit den Gesichtern hinter mir zu lassen. Wir setzten uns, und er zeichnete mit dem Finger eine Art Ei mit vielen kleinen Kreisen und Punkten im Zentrum in den heißen Sand. Es war ein Bild meines Energiekörpers. »Du musst wissen, dass alle Eindrücke oder Prägungen Strukturen sind, energetische Muster, und dass diese Muster mit Kraft, manche sogar mit Gewalt, in dein System gedrückt wurden. Um dich von ihnen zu befreien, musst du viel Kraft aufwenden. Auf alle Fälle mehr Kraft, als nötig war, um sie dir zuzufügen.« Das schien mir nur allzu logisch. Ich wusste, wie Verletzungen zustande kamen und dass letztlich alles eine Frage der Energie war. »Wenn du alle Kraft zusammennimmst und auch noch genau weißt, wo die Prägungen sitzen, dann kannst du zuschlagen!« Don Esteban lachte wissend. Er sah mir direkt in die Augen, und ich wusste, dass die ganze Sache vermutlich etwas komplizierter war, als es zunächst den Anschein hatte. »Aber wie finde ich heraus, wo diese Dellen samt Prägungen sitzen?« Er lachte laut, weil er diese Frage natürlich erwartet hatte. Es schien für ihn wieder einmal eine passende Gelegenheit zu sein, mir meine Unzulänglichkeiten bewusst zu machen. »Na, was denkst du wohl?!«, fuhr er mich an. Ich hatte keine Ahnung, zuckte verlegen mit den Schultern und machte mich auf einen gehörigen Vortrag darüber, wie wenig ich doch begriffen hatte, gefasst. Aber nichts dergleichen geschah! Don Esteban wandte sich mir zu, verschwörerisch und mit einem feinen Lächeln auf den trockenen Lippen. »Ich verrate dir mal etwas ... Es ist genau genommen ganz einfach! Du musst nur lernen zu spüren!« Ich verstand nur Bahnhof. Mein

Lehrer erkannte, dass ich keinen blassen Dunst davon hatte, was er meinte. »Mein Gott! Stell dich nicht dümmer an, als du bist! Und vor allem verirr dich nicht in deinem Intellekt! Was meinst du wohl, wie sich eine Delle in deinem System anfühlt, hä?« Ich wagte einen Versuch und flüsterte unsicher: »Wie ein Druck am Körper, den ich wahrnehme?« Don Esteban klatschte in die Hände. »Und dann?«, bohrte er weiter. »Ich konzentriere mich darauf, wo genau ich diesen Druck spüre ...« Er lächelte mich an und setzte zu seiner nächsten Frage an. »Und wann machst du das wohl?« Ich überlegte fieberhaft. »In einer Situation, die eine Ähnlichkeit mit der Prägung hat?« Wieder klatschte Don Esteban mir Beifall. »Wie nennst du das, wenn eine Prägung, die sich in einer Delle deines Energiesystems manifestiert hat, eine emotionale Reaktion hervorruft?«, wollte er wissen und zeigte auf mich, so als hielte er eine Pistole in der Hand. Ich fühlte mich wie bei einer Prüfung und dachte an meine Schulzeit. Ich hatte es immer gehasst, so ausgefragt zu werden. Meist fühlte ich mich vor der ganzen Klasse gedemütigt. Ich begann immer zu schwitzen, und mein Kopf war leer. Mehr und mehr geriet ich in dieses Bild von früher. Mein Mund war trocken und meine Hände schweißnass, ich begann zu zittern. »Nun sag schon, mach hin, wir haben nicht ewig Zeit, du Narr!« Don Esteban erschien mir plötzlich wie einer meiner damaligen Lehrer. So kannte ich ihn nicht. Er war so hart und ungerecht. Ich begann, ihn zu hassen. »Hast du nicht nur deinen Verstand, sondern auch deine Sprache verloren, du Esel?« Mein Magen war ein einziger harter Klumpen. Mir wurde übel. »Weiß der Kleine nicht, was er sagen soll? Hat der arme Kleine etwa

Angst? Fängt er jetzt an zu weinen, oder macht er sich gleich in die Hose?« Don Estebans Stimme war genau wie die meines Hauptschullehrers! Er brachte mich zum Äußersten! Meine Wut war gewaltig! Ich sprang auf. Ich wollte nur noch weg. Raus aus der Klasse, der Schule, der Wüste, raus aus meiner Haut. Ich taumelte den Tränen nahe zurück. Da stand Don Esteban vor mir und donnerte mich an: »Verlier dich jetzt nicht in den Einzelheiten! WO spürst du das gerade, WO?!« Ich war perplex. »Mein Magen ...«, stammelte ich. »Dann tu endlich etwas dagegen, du Memme! Schlag zu, gib all deine Kraft, alles, was du hast und ...« In diesem Moment schlug ich bereits zu. Meine rechte Hand war zur Kralle geformt, die Linke auf meiner Mitte. Alle Energie floss in diesen Stoß. Vor mir blitzte etwas auf. Ich sah das Gesicht eines Schullehrers, dann die ganze Klasse. Ich sah wirklich alle Situationen, die jemals mit Schule und Prüfung zu tun hatten, vor mir. All das dauerte nur Sekundenbruchteile. Sofort war der Druck in meinem Magen verschwunden. Ich war absolut ruhig. Nichts konnte mich mehr berühren! Alles war gut. Ich fühlte mich wie nach einem errungenen großen Sieg und blickte zu Don Esteban. »Du hast begonnen, dich zu befreien, das ist gut. Aber es wartet noch viel Arbeit auf dich, mein Freund!« Er saß wieder im Sand und lächelte. Mit seinem Finger strich er eine der Dellen, die er zuvor in mein System in den Sand gezeichnet hatte, aus. Er hatte recht. Es war noch viel zu tun.

Sich von Prägungen befreien

»Nichts kostet dich mehr Energie als deine Prägungen! Sie sind eine physische Realität! Wenn du dich von ihnen befreist, so befreist du dein ganzes Sein. Alles wird sich verändern, sämtliche Resonanzen, dein ganzes Leben!«

Prägungen sind Eindrücke im System! Darum verwenden wir ja auch diese betont physischen Ausdrücke wie »Prägung« und »Eindruck«. Natürlich wirst du jeden Tag aufs Neue geprägt. Die meisten dieser alltäglichen Prägevorgänge sind aber temporär. Das heißt, die Prägungen verlieren sich über die Zeit. Diese einfachen Prägungen und Eindrücke vermag dein System meist selbst aufzulösen. Zurück bleibt eine vage Erinnerung, welche auch über kurz oder lang gänzlich verschwinden kann. Schwieriger sind jedoch die tiefen Prägungen, vor allem wenn diese noch dazu in einer »Delle« im System sitzen. Meist sind es sehr alte Prägungen. Sie entstanden in einer Zeit, in der du noch sehr leicht zu prägen warst, als Kind. Später musste dann schon mehr geschehen, um wirklich nachhaltig und negativ zu prägen. Prägung entsteht immer. Problematisch sind aber meist nur jene Prägungen, die über einen massiven Einfluss von außen entstehen. Es sind Strukturen, die unsere Wahrnehmung trüben. Sich von ihnen zu befreien, ist mehr als nur ein Verändern der Sicht der Dinge! Es ist eine unglaubliche Entlastung! Endlich wirst du zu dem, der du wirklich bist. Nichts steht mehr zwischen dir und den anderen um dich. Es ist die Chance, echte Unabhängigkeit zu erlangen und sich ein für alle Mal der Fesseln der Vergangenheit zu entledigen. Eine meiner Schülerinnen, von Beruf Psychotherapeutin, sagte: »Nun bin ich seit zwanzig Jahren Therapeutin, aber ich habe erst jetzt verstanden, was Prägung wirklich ist.« Prägungen sind spürbar! Du musst nur genau hinsehen, besser noch hinfühlen. Alles, was du erlebst, erfährst du in einer physisch-energetischen Einheit. Dellen in deinem System kannst du selbst ausbeulen und dabei die Prägungen zerschlagen. Natürlich braucht es viel Kraft, um eine Prägung aufzubrechen. Deine Arbeit ist es, diese Strukturen aufzuknacken, dein System regelt den Rest! Frei von hinderlichen Prägungen zu werden, ist ein erreichbares Ziel! Und es macht Freude, die Veränderungen zu beobachten, an dir selbst und auch an den anderen, mit denen du täglich in Resonanz gehst. DU veränderst dein Leben, selbst, unabhängig und frei!

Übung 7:

Sich von Prägungen befreien

Vorbereitung:

Zur Vorbereitung dienen alle Übungen, die dich mit Energie versorgen. Du brauchst eine gut ausgebaute Aufmerksamkeit, um genau wahrnehmen zu können, wo (!) die Dellen im System sitzen. Die meisten relevanten Prägungen finden sich, so Don Esteban, vorne – ganz einfach, weil wir frontale Wesen sind. Beschäftige dich mit deiner Vergangenheit. Nimm z. B. Fotos zu Hilfe, oder besuche jene Orte, an denen du glaubst, verletzt, also massiv geprägt worden zu sein. Wenn du dies tust, verliere dich nicht in deiner Emotion! Achte unbedingt darauf, wo am Körper du etwas wahrnimmst. Meist wird es ein Druck sein. Oft können sich Prägungen überlagern oder sich in derselben Delle finden! Meist trittst du über die Prägung immer wieder in Resonanz, dadurch entstehen diese Verdichtungen und Überlagerungen.

Die eigentliche Übung:

- Sorge dafür, dass du viel Energie zur Verfügung hast.
- Achte auf deine Mitte!
- Hüte dich vor Emotionen – sie verbrauchen zu viel Energie!
- Nimm dir Zeit.
- Sorge dafür, ungestört zu sein.
- Forme mit der stärkeren Hand eine Kralle (Daumen innen!).
- Lege die andere Hand auf deine Mitte.
- Achte darauf, in deiner Mitte zu bleiben.
- Gehe mit dem Ort oder der Situation, in der du geprägt wurdest, in Resonanz.
- Lokalisiere die Prägung (Delle).
- Stoße deine Hand mit aller Kraft in diese Richtung.
- Kontrolliere, ob sich das Gefühl (der Druck) verändert.
- Wiederhole den Stoß ggf., aber achte auf deine Kraft.

Was geschehen wird:

Du wirst eine starke Befreiung verspüren. In späteren Konfrontationen mit dem Ort, der Person, dem Umstand wirst du keine Emotion mehr entwickeln. So kannst du dem Ganzen sachlich gegenüberstehen. Du wirst dich freier fühlen und viele Verhaltensmuster auflösen können. Du wirst feststellen, dass viele Begebenheiten ein und dieselbe Stelle betroffen haben und dass sich die Resonanz mit deiner Umwelt positiv verändert. Du wirst mehr Energie zur Verfügung haben. Du wirst mehr und mehr du selbst, frei von Prägungen und Zwängen. Und du wirst vieles im Leben aufgrund der gemachten Erfahrung neu bewerten und verstehen können!

Hilfestellung:

Es ist hilfreich, die Orte, Begebenheiten, Personen usw. zu dokumentieren. So verlierst du nicht den Überblick über deine Arbeit an den Prägungen und kannst alles, was sich ändert, besser einer Arbeit zuordnen. Mache dir bewusst, wie stark deine Interaktionen mit der Welt von deinen Prägungen beeinflusst werden! Du wirst staunen! Und vergiss nicht, dass jede Prägung mit Energie versorgt werden will!

8

Tierra Santa – Entscheide dich!

»Wie triffst du eigentlich deine Entscheidungen?« Ich dachte nach. Don Esteban stellte niemals Fragen ohne Tiefe. Wir saßen auf einem Hügel und blickten auf eine kleine Stadt hinab. Die weißen Mauern strahlten in der heißen Sonne. »Nun, ich wäge ab«, gab ich ihm zur Antwort. Er drehte sich zu mir und blickte mich ernst an. »Sag mir, wenn du die Wahl zwischen zwei Wegen hättest, wie würdest du entscheiden?« Ich fand die Frage seltsam und lachte. Er gebot mir, ernst zu bleiben. »Nun, ich wüsste ja das Ziel, wohin ich wollte, so träfe ich meine Wahl.« Ich war stolz auf meine Antwort, obwohl sie naheliegend war. »Und wenn es nun um ein Ziel in der Zukunft ginge, wie würdest du dich entscheiden?« Ich dachte eine Weile nach. »Ich würde mir überlegen, was ich will, und dementsprechend meine Entscheidung treffen?« Don Esteban lachte. »Ha! Ich hab dich erwischt! Du würdest zwei Endpunkte in der Zukunft miteinander vergleichen und aufgrund dessen deine Entscheidung treffen?« Ich nickte eifrig, wohl wissend, dass ich mich wohl gerade ins Abseits manövrierte. »Also, du triffst deine Entscheidung anhand zweier Punkte, die du gegeneinander abwägst und die in der Zukunft liegen? Das meinst du doch, oder?« Ich schwieg und wartete auf seinen Gegenschlag. »Ist dir auch bewusst, dass es die beiden Punkte, die du da vergleichst, noch gar nicht gibt?« Schlagartig wurde mir klar, was er meinte! »Und selbst wenn es die beiden Punkte gäbe«, fuhr er fort, »wärest du, so du einen davon je erreichen würdest, dann ja nicht mehr derselbe Mensch, der du jetzt bist! Du hättest dich weiterentwickelt!« Ich gab mich geschlagen und senkte den Kopf. »Gegen dich komme ich nicht an!« Don Esteban schnaubte verächtlich durch die Nase. »Als ob es mir darum ginge, du Narr! Es geht mir darum, dass du die Dinge richtig siehst!« Ich war ein wenig enttäuscht, weil unsere Unterhaltung so gut begonnen hatte und ich mich wirklich darauf gefreut hatte, wieder von ihm nach Tierra Santa geholt zu werden. Es war so viel Positives geschehen. Ich hatte geübt und hart an mir gearbeitet. Aber es interessierte ihn nicht wirklich, so schien es mir. Er stand auf. »Lass uns in die Stadt gehen, ein paar Entscheidungen treffen!« Ich folgte ihm einen schmalen Pfad hinunter. Wir schwiegen und erreichten nach scheinbar unendlich langer Zeit die ersten Häuser. Die Stadt war menschenleer. Wir traten auf eine große Plaza mit Marktständen, aber ohne Menschen. Es war wie eine riesige Kulisse. Künstlich und doch irgendwie echt. Mir wurde urplötzlich bewusst, wo ich mich befand und dass Tierra Santa eine andere Realität war als die, die ich kannte, mit anderen Gesetzen und anderen Möglichkeiten. Vielleicht war ganz Tierra Santa die Schöpfung Don Estebans. Zum ersten Mal in all den Jahren kam mir diese Idee. Er stoppte vor einem großen Marktstand mit Gefäßen aus Ton und unterbrach mein Denken. Unzählige kleine und große Krüge, Vasen und Becher, manche bunt bemalt, andere schlicht, wie gerade eben aus dem Brennofen geholt. Es mussten Hunderte dieser Gefäße sein. Sie lagen wie hingeschüttet, ohne erkennbares System, auf bunten Tüchern. »Entscheide dich für einen Krug!«, befahl Don Esteban. »Und zwar sofort!« Ich stutzte und verstand erst nicht, was er von mir wollte. »Irgendeinen?«, fragte ich unsicher nach.

»Nein, es wird ein ganz bestimmter sein!«

Ich wusste nicht, welchen ich nehmen sollte. So stand ich starr vor der Vielzahl von Krügen, streckte meine Hand nach diesem und jenem aus, in der Hoffnung, dass Don Esteban mir einen Tipp geben würde. Aber er stand nur daneben und beobachtete mich. »Was werden wir in den Krug füllen, Don Esteban?« Er schwieg. »Soll der Krug für irgendjemanden sein, ein Geschenk vielleicht?« Mein Lehrer schwieg weiter eisern mit ausdruckslosem Gesicht. Ich wagte nicht, einen der Krüge zu berühren. Ich fühlte mich schwer im Stich gelassen, und mir fehlten wichtige Parameter für meine Entscheidung. Wissend, dass Don Esteban mich nicht aus Spaß vor solch eine Aufgabe stellte, fühlte ich mich wirklich unwohl in meiner Haut. Er war hinter mich getreten. »Es fällt dir schwer, dich zu entscheiden, weil diese Krüge keine Zukunft haben«, hörte ich meinen Lehrer flüstern. »Du weißt nicht, wozu sie dienen werden, sie sind nur im Hier und Jetzt.« Ich ließ meine Arme sinken, unfähig mich zu entscheiden. »Die Frage ist nicht, wozu der Krug dienen wird, sondern mit welcher Qualität du ihn nimmst!« Ich dachte nach, fand aber keine Hilfe in dem, was er sagte. »Es geht nur darum, genug Energie in deine Entscheidung zu geben. Entscheide dich, als ob es um Leben oder Tod ginge!« Da verstand ich und atmete tief in meine Mitte. So, wie er es mir beigebracht hatte, dehnte ich meinen Energiekörper aus. Meine Linke ruhte auf meiner Mitte, vier Finger unter meinem Bauchnabel. Ich wurde so ruhig wie noch nie zuvor. Ich schloss die Augen, und meine Wahrnehmung steigerte sich. Ich fühlte einen Impuls. Dann griff ich zu. Als ich die Augen öffnete, sah ich, welches Gefäß ich gewählt hatte. Es war ein grobes Kännchen, nicht größer als mein Handteller, unbemalt und ganz ohne Verzierung. Ich reichte es Don Esteban. Er hob es hoch, besah es sich argwöhnisch von allen Seiten und warf es noch im Gehen über die Schulter. Das Gefäß zersprang in Scherben und Staub. »Vergiss die dumme Kanne ohne Zukunft!«, lachte er mir schallend ins Gesicht. »Deine Entscheidung war absolut. Das ist alles, was zählt. Denn die Qualität, die du in eben diesem Moment erzeugt hast, die wirst du mit dir nehmen. Sie ist unzerstörbar! Das unterscheidet sie von den Scherben da auf dem Boden.« Ich musste lachen. »Also geht es nur um die Qualität der Entscheidungen und nicht darum, für WAS wir uns entscheiden?« Don Esteban lächelte. »Endlich hast du etwas einmal schnell begriffen!«

Absolutes Entscheiden lernen

»Alles, was zählt, ist die Qualität deiner Entscheidung! Hat deine Entscheidung Energie, dann hat sie auch Qualität, und sie wird absolut sein. Und eine absolute Entscheidung wird immer richtig sein!«

Deine Entscheidungen werden absolut, wenn du so viel Energie wie möglich in sie legst. Es sind Entscheidungen, die du aus dem Bauch heraus, aus deiner Mitte treffen wirst, und sie werden immer richtig sein. Absolutes Entscheiden meint auch, dass du vermehrt in die direkteste Form der Entscheidung wechseln wirst: in das Handeln! Je weniger du denken musst, desto mehr Energie bleibt dir für das Entscheiden, für das Tun. Diese Vorgänge zu verknüpfen, ist das Ziel: Energie zentrieren – entscheiden – handeln! Dies lässt sich mit einer einfachen, aber äußerst effektiven Technik im Alltag wunderbar üben. Und nichts kommt dem Gefühl gleich, absolute Handlungen zu vollführen. Es ist eine Qualität des kultivierten Kriegers und der kultivierten Kriegerin. Es ist eine Eigenschaft in dir, die du fördern kannst, jeden Tag, in jeder Minute. Was du für deine Mühe erhältst, ist Selbstbewusstsein, absolutes Tun und ein starkes Gefühl für das Sein im Hier und Jetzt.

Übung 8:

Absolutes Entscheiden

- Trainiere ausgiebig deine Mitte.
- Setze dich an einen Tisch.
- Lege zwei Dinge vor dich, die keine Zukunft haben (z. B. zwei Zündhölzer, Kronkorken, etc.).
- Gehe in deine Mitte, lege beide Hände auf deine Mitte.
- Stelle dir vor, es wäre die wichtigste Entscheidung, die du jemals in deinem Leben treffen wirst. Stelle dir vor, es ginge um Leben oder Tod. Versetze dich ganz in diesen Zustand, aber achte dabei darauf, in deiner Mitte zu bleiben. (Der Angstpunkt muss frei von Energie bleiben!)
- Warte auf den Moment, in dem du das Gefühl für die Wichtigkeit dieser Entscheidung körperlich in deiner energetischen Mitte (vier Fingerbreit unter dem Bauchnabel) spüren kannst.
- Nimm eines der beiden Objekte mit bestimmtem Griff.
- Weite die Übung auf andere Objekte und Tätigkeiten aus (z. B. Zucker in den Kaffee geben, Kugelschreiber in die Hand nehmen, aufstehen, niedersetzen, Produkte beim Einkaufen auswählen etc.).

- Achte auf die Qualität anderer Entscheidungen, die eine Zukunft haben (Verträge unterschreiben usw.).

Was geschehen wird:

Zu Beginn wird deine Ratio ein wenig Schwierigkeiten damit haben, jeder auch noch so unwichtigen Entscheidung wirkliche Qualität zuzugestehen (Prägung!). Aber es kommt der Moment, in dem dein ganzes Handeln von einer Absolutheit im positiven Sinne bestimmt werden wird. Die Qualität jeder deiner Handlungen und Entscheidungen wird eine absolute sein. Dies führt z. B. dazu, dass dein Wort wieder Gewicht hat, deine Entscheidungen im Beruf wieder akzeptiert werden. Du wirst selbstsicherer und ruhiger sein. Auch bei Entscheidungen, von denen sehr viel abhängt, wirst du in deiner Mitte sein, ruhig und ausgeglichen, voller Kraft, Zuversicht und umgeben von einer einzigartigen energetischen und spirituellen Qualität! Zudem wird dein Hier und Jetzt mehr und mehr von dieser Qualität getragen und durchströmt sein!

Hilfestellung:

Je weniger »Zukunft«, also Sinn, die Entscheidungen haben, in denen du aus der Mitte handelst, desto intensiver ist der »Trainingseffekt«. Im Supermarkt kannst du während eines einzigen Einkaufes bei jedem Produkt, das du aus dem Regal nimmst oder auf das Förderband legst, diese Qualität trainieren!

Achte auch darauf, wie deine Arbeitskollegen, deine Familie oder andere Menschen, denen du im Alltag begegnest, reagieren! Du wirst besser wahrgenommen, und sämtliche Resonanzen verändern sich. An ihnen kannst du ablesen, woran noch zu arbeiten ist bzw. wie weit deine Absolutheit gediehen ist! Lasse dieses absolute Handeln und Entscheiden auch in alle anderen Übungen dieses Buches einfließen!

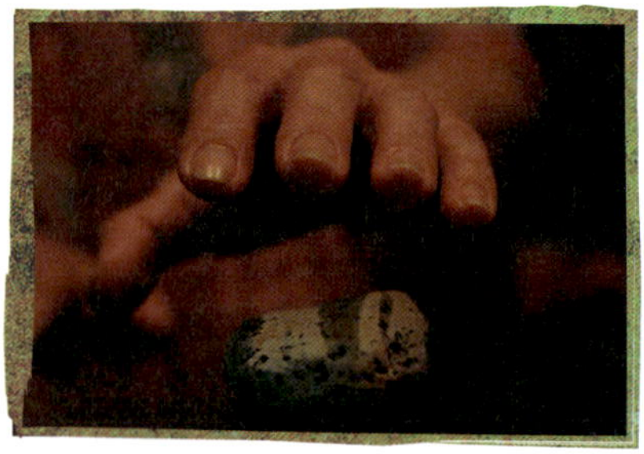

9

Tierra Santa –
Tue das, was
zu tun ist: Heile!

Wieder waren einige Monate vergangen, in denen mich Don Esteban nicht zu sich nach Tierra Santa geholt hatte. Ich war ohnehin mit Seminaren und Behandlungen beschäftigt gewesen und hatte nur wenig Zeit gehabt, um an mir zu arbeiten. Als ich dann wieder in Tierra Santa »erwachte«, erwartete mich ein Schock. Ich fand mich in der Wüste wieder. Diesmal war es Nacht. Die Kälte fuhr mir unbarmherzig in die Glieder. Von meinem Lehrer war nichts zu sehen oder zu hören. Ich tappte im Dunkeln, das durch einen übernatürlich großen Mond erhellt wurde, herum. Für gewöhnlich holte Don Esteban mich ab, zumindest aber war er immer vor mir da gewesen. Ich rief nach ihm, aber die Antwort blieb aus. Was sollte ich tun? Ich wünschte mich zurück in mein warmes Bett, aber auch dieser Wunsch blieb unerfüllt. So wanderte ich planlos herum, bis meine Füße an die Grundmauern eines Gebäudes stießen. Aus dem Sand erhob sich die Ruine eines großen Hauses aus Ziegeln. Ich durchschritt die Überreste großer Räume, verließ das Haus, ging weiter und weiter und fand mich am Ende in einer kleinen Stadt wieder, die selbst nur aus Ruinen bestand. In den Gassen türmte sich der feine Sand der Wüste. Mir war unheimlich zumute. Hier war ich noch nie zuvor gewesen. Und im Übrigen hatte ich bisher noch nie allein Ausflüge in Tierra Santa unternommen. Don Esteban war mir immer ein guter Führer gewesen. Unschlüssig, wohin ich mich wenden sollte, stand ich auf einer kleinen Plaza. Der Platz war knöcheltief mit feinem Sand zugeweht, aber ich konnte dennoch das Kopfsteinpflaster unter meinen Füßen spüren. Mir gegenüber erkannte ich einen großen Torbogen und ging unsicher darauf zu. Plötzlich wurde ich einer Bewegung hinter mir gewahr. Ich wandte mich um und sah mich unvermittelt meinem Lehrer gegenüber.

»Das hier ist nichts, was dich beunruhigen sollte, aber achte ab jetzt darauf, unbedingt in deiner Mitte zu bleiben!«, meinte er mit beruhigender Stimme. Ich verkniff mir die Frage, wo wir seien und worum es diesmal gehe. Alles würde sich aufklären, da war ich mir sicher. Don Esteban ging voran, und ich folgte ihm in ein Haus, das noch nicht ganz zusammengestürzt war. Wir traten durch eine massive Tür. Der Raum dahinter war von Dutzenden Kerzen in warmes Licht getaucht. Bizarre Schatten tanzten an den Wänden. Ich sah, dass an den Wänden des erstaunlich großen Raumes unzählige Betten standen. Und in den Betten waren Menschen, zumindest vermutete ich das. Mein Lehrer schob mich in Richtung eines der Betten, und ich fühlte einen enormen Widerstand in mir. »Wehre dich nicht! Es ist an der Zeit, dass du richtig arbeitest!« Aber was sollte ich tun? Vor mir lag ein Mann, um die sechzig, mit elendem Ausdruck im Gesicht und seltsam verkrümmt. »Hilf ihm!«, befahl Don Esteban. Sein Befehl duldete keinen Widerspruch. Ich hatte aber nichts dabei, keines meiner Werkzeuge, keine Rassel, keine Trommel, kein *Agua Espiritual,* um zu reinigen, nichts! »Er wird sterben, wenn du nicht handelst!« Mein Freund und Lehrer hatte mich in eine absolut schreckliche Lage gebracht. Ich atmete durch, zentrierte alle meine Energie in meiner Mitte und wandte mich dem Kranken zu.

»Was erkennst du?«

Ich dachte nach, versuchte rational zu ergründen, was dem Mann wohl fehlen könnte. »Nicht, was du denkst, ist wichtig, sondern was du erkennst!«

Ich dehnte meinen Energiekörper aus, öffnete mich und »sah« in diesem Moment einen dunklen Fleck über der Brust des Mannes. Dann erkannte ich weitere Dellen und Verschlingungen in seinem System vor mir. Ich griff mit der Krallenhand, die mich Don Esteban gelehrt hatte, in diese dunkle Substanz. Sie fühlte sich klebrig und schwer an. »Beeile dich! Du kannst Energie nur mit Energie bewegen!« Ich sammelte mich erneut und riss mit einem heftigen Ruck, der mir selbst den Atem nahm, an dem dunklen Fleck. Der Mann heulte auf. »Noch mal! Gib nicht nach!«, feuerte mich Don Esteban an. Wieder riss ich mit aller Kraft an dem Fleck, so oft, bis er verschwunden war. Der Mann vor mir lächelte nun und konnte offensichtlich wieder frei atmen! »Die Achsen, nimm dir seine Achsen vor!«, drängte mich mein Lehrer. »Warte nicht, sonst reißt dein Energiestrom ab!« Ich »sah«, dass das ganze System dieses Mannes schief war, und deutete ihm aufzustehen. Das gelang ihm nur mit Mühe. Er schwankte und drohte nach vorne zu kippen. So trat ich hinter ihn, um seinen Energiekörper wieder in die richtige Position zu bringen. Wieder legte ich alle Kraft in mein Tun und zog mit kräftigem Ruck eine gewaltige Delle aus seinem System. Der Mann stand wieder gerade! »Halte dich nicht lange auf! Da sind noch mehr, die deine Hilfe brauchen! Nutze den Strom aus Kraft, nutze deine Absicht, und handle absolut!« So arbeitete ich mich von Bett zu Bett. Ich befreite Systeme von alten Strukturen, behob energetisch bedingte Beckenschiefstände, füllte nach,

wo Energie fehlte, und zog heraus, was nicht zum System gehörte! Alte, Junge, Kinder, Männer und Frauen. Die Zeit verlor sich. Am Ende trat Don Esteban an mich heran.
»Du bist erschöpft. Ich bringe dich zurück in deine Welt. Du hast dich gut gehalten heute!«
Ich fühlte eine bleierne Müdigkeit über mich kommen, und meine Arme schmerzten. »Don Esteban, kann ich so auch in meiner Welt behandeln?«
Er lachte. »Was denkst du wohl, warum ich dir das alles beibringe?« Er schnippte mit den Fingern und drehte sich einmal um sich selbst. Dann flog ich über die Wüste, dem Morgen entgegen. Ich erwachte schweißgebadet, aber glücklich, wieder etwas verstanden zu haben: Absolut zu handeln, mit aller Kraft, ohne viel darüber nachzudenken, was man tut! Eigentlich war alles ganz einfach: Man musste nur genug Energie an der richtigen Stelle haben und sie absolut einsetzen – wofür auch immer! Nach dieser Erfahrung waren meine Methoden zur Behandlung von Klienten viel direkter, schneller und effektiver als je zuvor! Alles hatte sich geändert, wieder einmal.

Heile deinen Nächsten wie dich selbst

»Nimm dir die Freiheit, die Dinge einfach zu betrachten, dann bleibt dir mehr Kraft, um zu handeln! Und wenn du dann handelst, dann tue dies absolut, egal, worum es geht. Energie kann nur durch Energie bewegt werden, und Heilen ist nichts anderes, als wesentlich mehr Energie aufzubringen, als der Krankheit innewohnt!«

Du bist das eigentliche Werkzeug. Und genau genommen brauchst du nichts als dich selbst, um dich und andere zu heilen! Natürlich ist es eine radikale Ansicht zu behaupten, dass alles ganz einfach sei und man nur genug Kraft brauche. Aber wenn du genau in dich hineinhörst, weißt du, dass es stimmt. Du hast dich selbst von Dellen und Prägungen befreit und dich mit den Elementen verbunden! Mehr und mehr hast du dich deiner Mitte angenähert! Dein ganzes System hat nun wesentlich mehr Energie zur Verfügung als zu Beginn deiner Reise! Wenn du mir nach Tierra Santa gefolgt bist, ist deine Wahrnehmung nun besser und klarer, und dein Handeln ist absolut! Natürlich hat das alles Einfluss auf die Menschen, mit denen du in Resonanz gehst. Das ist ein Naturgesetz, dem wir beide uns nicht entziehen können. Und allein diese Tatsache, dass du Menschen durch deine bloße Anwesenheit und durch den Zustand deines energetischen Systems beinahe zwangsläufig veränderst, ist schon bemerkenswert. Nun geht es darum, diese Fähigkeiten auszubauen und bewusst einzusetzen! Hierbei ist es wichtig, dem Leben und seinen Verstrickungen auf eine simple, aber überaus kraftvolle Art zu begegnen. Es geht auch darum, deine Energie gut einzuteilen, und nichts lehrt dich das besser als die Arbeit am System Mensch! Habe keine Angst, bleibe in deiner Mitte, und mache dir bewusst, dass es keiner Gabe oder Legitimation bedarf, um anderen zu helfen, sondern dass es schlicht deine heilige Pflicht ist! Wir erhalten unser Wissen, um es letztlich mit anderen zu teilen. Oder wie es Don Esteban formulierte: »Wenn du dein Wissen mit anderen teilst, wird es sich vermehren wie der Mais auf den Feldern, und alle werden satt!«

Übung 9:

Deinen Nächsten heilen

Vorbereitung:

Die 9. Übung ist keine Übung im herkömmlichen Sinn. Sie ist die Summe dessen, was du bisher gelernt und erfahren hast, angewandt auf andere! Nur wenn du selbst in einer energetisch gesunden Verfassung bist, wirst du positiven Einfluss auf andere nehmen können. Die Techniken bleiben an und für sich dieselben.

Vorab einige wichtige Punkte:

- Was bedeutet es, »deinen Nächsten zu heilen«?
  Es meint nichts anderes, als ihm alle Informationen zur Verfügung zu stellen, die er benötigt, um an sich selbst arbeiten zu können. Er tut, was er tut, du tust, was du tun kannst.
- Wie kannst du an deinem Nächsten arbeiten?
  Alle Techniken, die du auf dich angewandt hast, wirst du auch auf andere Systeme anwenden können (mit kleinen Abwandlungen).
- Was brauchst du dazu?
  Du benötigst sehr viel Energie, eine gut trainierte und stabile Mitte, einen sauberen und möglichst prägungsfreien Energiekörper und absolutes Tun.
- Was musst du über den anderen wissen?
  Genau genommen gar nichts! Alles, was an Information nötig ist, liegt in seinem System abrufbereit vor. Je weniger du weißt, desto mehr bleibst du in deiner eigenen Mitte.

So vergeudest du keine Energie für langes Nachdenken! Hänge dich nie an Symptome, du bist kein Arzt! Bedenke, dass jegliche Symptomatik eine energetische Ursache hat, diese aber nicht zwangsläufig klar anzeigt! Beschränke dich auf die Basis!

Was du tun kannst:

- Wissen vermitteln –
  all das, was du auch gelernt hast
- Techniken vermitteln –
  alle, die du auch beherrschst
- gemeinsam üben
- ausbeulen des Energiekörpers
- entfernen von Prägungen
- Reinigung des Energiekörpers mit
  Aguas und Räucherungen
- Ritualarbeit – den Elementen begegnen usw.
- harmonisieren

Konkrete Techniken

1. Energieköper in anderen Systemen ausbeulen

Dazu bedarf es zweier Dinge. Erstens musst du wissen, wo die Delle sitzt, und zweitens brauchst du Kraft! Um die Delle genau zu lokalisieren, benutze deine Wahrnehmung. Verlasse dich zunächst nicht auf die Aussagen deines Gegenübers! Finde es selbst heraus! Denke daran, was du über Resonanz weißt, und achte darauf, ob du selbst einen Druck an einer bestimmten Stelle verspürst. Wenn dem so ist, könnte es ebenso ein wichtiger Hinweis für dich sein, genau dort auch an dir selbst zu arbeiten! Stelle dich vor deinen »Klienten«. Schließe die Augen, gehe in deine Mitte, und dehne deinen Energiekörper wie in Übung 3 beschrieben (siehe S. 33) aus. Wenn du ein Gefühl (oder auch Bild) dafür bekommst, wo bei deinem Gegenüber die Delle sitzt, kläre das mit ihm ab! Frage nach! Dann hast du auch für dich die Bestätigung, dass deine Wahrnehmung korrekt war! Der einfachere Weg wäre NUR nachzufragen. Aber so trainiert man nicht seine Wahrnehmung. Don Esteban wäre wirklich sehr verärgert. Wenn also klar ist, wo die Stelle genau ist, dann gehe wieder in deine Mitte. Lasse unbedingt eine Hand auf deiner Mitte. Jetzt gilt es, ABSOLUT zu handeln, wie in Übung 8 (siehe S. 86)! Sobald dieses Gefühl der Absolutheit eintritt, fasse wie in Übung 4 (siehe S. 44) mit der »Krallenhand« beherzt zu. Es ist ein schneller Zugriff in die Energiefäden an der lokalisierten Stelle. Warte nicht ab! Zugreifen und sofort mit einem sehr kräftigen Ruck die Delle nach außen formen ist das Motto. Es sollte eine einzige Bewegung sein. Im günstigsten Falle wirst du eine heftige Reaktion bei deinem Gegenüber feststellen können. Diese geht von körperlicher Bewegung (wie wenn an der Physis gezogen worden wäre) über emotionale Reaktionen bis hin zu Aussagen wie: »Ich kann wieder frei atmen. Ich fühle mich freier, leichter …«

2. Ausbeulen und Prägungen entfernen

Hierbei gehst du wie bei dir selbst vor. Dein Klient macht all das, was du gemacht hast, um dir deiner Prägungen und der Punkte, an denen diese sitzen, bewusst zu werden. Der Unterschied besteht darin, dass es nun an dir liegt, diese Dellen samt Prägungen zu entfernen. Das machst du wie in *1. Energiekörper in anderen Systemen ausbeulen* beschrieben. Jetzt aber mit Bezug auf die Resonanzen mit den Prägungen.

Warum nicht einfach blind drauflos ausbeulen? Nun, für den Klienten ist es ebenso wichtig, diese Zusammenhänge zwischen Prägung, Resonanz, Körperlichkeit usw. zu erkennen. Erinnere dich daran, wie es bei dir selbst war!

3. Den Energiekörper weiten

Das funktioniert wie das Ausbeulen, jedoch nur exakt an der Mitte des Klienten ausgeführt! Vorne, hinten, links und rechts reißen! So bekommt der Energiekörper wieder eine vernünftige Form. Wichtig dabei ist es, dem Klienten beizubringen, in die Mitte zu atmen! Bauchatmung ist hier grundlegend wichtig! Ohne Energie, die ja immer vom Klienten kommen sollte, hast du wenig, woran du ziehen kannst. Dann vergeudest du deine eigene Kraft! Und das solltest du auf jeden Fall vermeiden!

4. Die Achsen richten

Jeder Energiekörper richtet sich an Hauptenergieachsen aus. Eine davon verläuft senkrecht durch den Mittelpunkt des Köpers nach unten. Eine andere von links nach rechts und von rechts nach links horizontal durch die Mitte (vier Finger unter dem Nabel). Eine dritte von hinten nach vorne diagonal durch die Mitte. Diese Achsen sollten gerade sein. Sind sie verschoben, verschiebt sich der ganze Energiekörper mit, und umgekehrt. Wenn der Klient steht und das Gefühl hat, nach vorne zu kippen, ist ein heftiger Ruck (wie beim Ausbeulen) in Schulterblatthöhe notwendig. Meist neigen wir zur Kopflastigkeit, das heißt, zu zu viel Energie (große Beule) im Kopfbereich. Dann wird entsprechend höher angesetzt. Du tust dies so oft, bis dein Gegenüber das Gefühl hat, stabil zu sein. Bei der Neigung, nach hinten zu kippen, reiße in gleicher Weise entsprechend vorne, links und rechts. Am Ende sollte das System des Klienten, wenn er mit geschlossenen Augen aufrecht steht, ein leichtes Kreisen anzeigen. Dies ist ein Zeichen für gute Stabilität. Auch hier gilt es, nicht zu übertreiben. Also nicht hundert Versuche durchführen, sondern höchstens zwei oder drei. Dann muss die Sache passen! Wieder gilt: Energie kannst du nur mit Energie bewegen! Ohne selbst in deiner Mitte zu sein, hast du keinerlei Chance!

5. Beulen richten

Manchmal treten neben Dellen (nach innen) auch Beulen (nach außen) auf. Diese Beulen sind meist ziemlich energiearme Bereiche. Schwäche, Kälte, Taubheitsgefühle usw. zeigen dies recht häufig an. Dennoch gilt auch hier, sich nicht auf ein Symptom zu verlassen, sondern die eigene Wahrnehmung zu gebrauchen! Schon so mancher, mich eingeschlossen, ist Symptomen bis in die Wüste der absoluten Erkenntnislosigkeit gefolgt. Der Weg zurück ist dann ein weiter! Diese Beulen lassen sich ebenso auffinden wie die Dellen. Das Prinzip ist dasselbe. Vorsicht jedoch beim Nivellieren! Ich schreibe bewusst von »nivellieren«, denn schon mancher meiner Schüler hat im Übereifer rasch aus einer Beule eine saubere Delle gemacht. Das ist unangenehm! Vor allem willst du deinem Gegenüber ja kaum aus einer Beule eine Delle samt »ich kann, ich will, ich werde«-Prägung basteln. Also, hier ist dezentes Vorgehen gefragt. Übe lieber öfter, wieder mit Krallenhand, ein wenig wohl dosierten Druck oder kleine Stupser aus! Dann mit der eigenen Wahrnehmung und auch mit der Rückmeldung des Klienten nachprüfen, ! Hast du ein wenig praktische Erfahrung mit Dellen und Beulen gesammelt, wirst du bemerken, dass du instinktiv die richtige Menge an Energie einsetzen wirst! Das ist schlicht und einfach die Übung, die den Meister macht. Praxis ist hierbei alles!

6. Harmonisieren

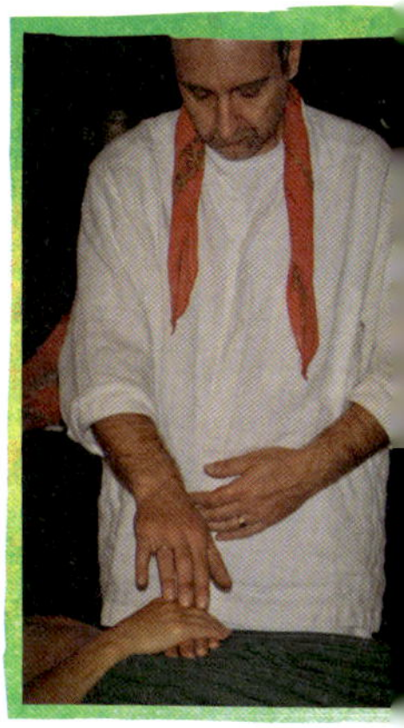

Du und dein eigenes System, ihr seid Orientierungshilfe und Matrix für jedes andere System! Wenn du in deiner Mitte bist, ohne Angst, mit optimalem Energiefluss und guter Ausdehnung, dann wird sich jedes andere System, dass nur geringfügig unter deinem Energieniveau liegt, an dir orientieren! Alles, was es braucht, ist ein wenig Zeit und Nähe. Am besten funktioniert diese Art der Harmonisierung, wenn der Klient und damit das zu harmonisierende System auf einer Massageliege ruht. Weise deinen Klienten an, in die Bauchatmung überzugehen und seine Hände auf seiner eigenen Mitte zu platzieren. Dann stelle dich ans Fußende, und lege deine Hände ganz leicht (!) auf seine Fußrücken. Atme in deine Mitte. Kümmere dich nur um dich! Atme ruhig. Wenn es dir nötig erscheint, kannst du deinen Energiekörper noch etwas weiten. Arbeite mit deiner eigenen Wahrnehmung, um zu wissen, wann es genug ist (nicht länger als fünf Minuten). Du wirst bemerken, dass diese Technik sehr wenig deiner eigenen Energie fordert. Die Zeit spielt hierbei eine untergeordnete Rolle. Länger heißt nicht automatisch besser! Kontrolliere danach die Achsen deines Klienten, und arbeite, wenn nötig, etwas nach, jedoch nur so lange wie nötig und so kurz wie möglich!

Hilfestellung:

Diese Techniken erscheinen einfach – und sind es auch. Was man von außen nicht sieht, ist all das, was du geleistet hast, um überhaupt in die Position zu kommen, dies alles tun zu können! Diese Arbeit ist nichts, um das Ego aufzuplustern! Sie ist ruhig, dennoch kraftvoll, fordert dein ganzes Sein und führt zu großartigen Ergebnissen! Du wirst mit zunehmender Praxis ein gutes Gespür dafür bekommen, was wann und mit welcher Intensität zu tun ist. Diese Art der Heilarbeit ist sehr persönlich, weil deine eigene Person es ist, die wirkt, die verändert, die Realität erschafft! Teile dein Wissen, und erzähle von deinem Weg dorthin. Viele werden es dir gleich tun und dir dankbar für deine Offenheit sein. Hier gibt es nichts zu verbergen! Alles ist offen und transparent, ganz ohne Geheimniskrämerei! Dennoch ist alles, was geschieht, ein Wunder!

10

Tierra Santa –
Der Augenblick der Wahrheit

»Wer du bist, weiß nur dein Selbst, und dein Selbst braucht die Wüste, um sich ausbreiten zu können. Dann wirst du die richtigen Wege finden und letztlich dich selbst ...!«

»Hast du alles verstanden, mein Freund?«
Ich nickte, weil ich wusste, dass es über das, was ich erfahren und erlebt hatte, nichts mehr zu sagen gab. Wir standen auf einer gewaltigen Düne. Über uns ein unwirklich blauer Himmel mit einer gleißenden Sonne. Die Wüste schien unendlich. »Setz dich!« Ich tat, wie mir geheißen. Don Esteban blieb hinter mir stehen. »Siehst du einen Horizont?« Ich verneinte. »Es gibt keinen, weil dieses Land nie endet. Es hat keinen Beginn und kein Ende und kennt keine Zeit. Manchmal hole ich jemanden hierher, aber nur selten. Dann bringe ich ihm oder ihr alles bei, was es beizubringen gibt.« Ich drehte mich zu ihm und sah ihn an. »Wen hast du noch hierher gebracht, Don Esteban?« Er schwieg eine Zeit lang und setzte sich dann zu mir. »Viele sind es nicht gewesen. Ich bin vielleicht kein Lehrer, den man sich aussuchen würde. Es waren Männer und Frauen, aber das ist lange her, Jahrhunderte vor dir, da warst du noch nicht einmal eine Idee Gottes.« Mein Blick flog weit über die Dünen und fand keinen Halt. »Was wurde aus denen, die du gelehrt hast?« wollte ich wissen. Don Esteban lachte. »Die meisten von denen haben mit allem wieder aufgehört,

weil sie die Hosen voll hatten und weil sie immer noch alles furchtbar kompliziert sehen wollten. Ha! Wissenschaft! Was für ein Umweg!« Er lachte verächtlich. »Einige wenige haben weitergemacht. Sie haben es geschafft, ganz zu sich zu kommen, und haben auch viel Gutes getan unter euch Menschen.« Ich wollte fragen, wen er genau meinte, ließ es aber sein, weil ich die Frage plötzlich unangemessen fand. »Und wer bist du?«, fragte ich leise, den Kopf zwischen den Knien. »Wer ich bin?« Don Esteban schien lange darüber nachzudenken. »Ich bin einer von denen, die dageblieben sind, hier in der Wüste. Ich passe auf das alles hier auf. Und manchmal bringe ich dich zu mir. Dann erzähle ich dir alte Geschichten und zeige dir seltsame Dinge, das ist es auch schon.« Ich wollte mehr wissen und suchte nach der richtigen Formulierung für meine Frage, aber mein Lehrer kam mir zuvor. »Ich war einmal wie du. Physisch meine ich, dort in deiner Welt. Irgendwann hat mich jemand hier nach Tierra Santa gebracht. Und mir ging es ebenso wie dir. Genau genommen bin ich ein Teil von dir und werde es wohl auch immer sein. So wie die Wüste aus der Düne und den Kakteen und dem Himmel besteht, so bestehst auch du aus vielen einzelnen Teilen. Ich bin eines dieser Teile. Verstehst du das?« Irgendwie verstand ich, ohne es genau erklären zu können. Es war nicht leicht für mich gewesen, diese Koexistenz von Tierra Santa und dem, was ich als Alltagsrealität bezeichnete, zu akzeptieren, aber ich hatte mich in das, was ich erlebte, gefügt. So auch jetzt. All das war nicht erklärbar, sondern nur erfahrbar. Dennoch strebte mein Verstand danach, Antworten zu bekommen. Eine Frage brannte mir noch auf der Seele. »Don Esteban, wer bin ich?« Er lachte schallend und stand auf. »Wer du bist? Hast du schon wieder eine Abzweigung verpasst? Woher soll ich denn das wissen? Ich bin nur der Hausmeister in dieser seltsamen Welt und bringe dir bei, wie du deine eigene Welt in Schuss hältst. Du willst wissen, wer du bist? Das, mein Freund, musst du schon allein herausfinden. Ich habe dir doch alle Werkzeuge dafür gegeben! Diese eine Aufgabe bleibt dir noch! Wenn du sie gelöst hast, dann hole ich dich wieder nach Tierra Santa, und dann, mein Freund, dann zeige ich dir die wirklich wichtigen Dinge!« Er lachte sein trockenes Lachen. Die Sonne versank hinter den Dünen. Die Nacht kam. Die Wüste ging. Tierra Santa schloss sich. Besser kann ich es nicht beschreiben. Ein Vorhang wurde zugezogen, und ich wusste, dass nun eine Zeit ohne die Wüste, ohne meinen Lehrer, Führer und Freund angebrochen war. Eine Zeit, in der mein Schlaf wieder ungetrübt und tief, aber auch erholsam sein würde. Eine Zeit, in der es galt, das, was ich erfahren hatte, aufzuschreiben und anderen zugänglich zu machen. Und es war an der Zeit, endlich herauszufinden, wer ich war. Diese Aufgabe ist wichtig. Sie ist die einzige, die es wirklich wert ist, gelöst zu werden.

Manchmal erwache ich und weiß nicht, wo ich bin. Ich wünsche mir die Wüste und den heißen Sand zurück. Ich vermisse Don Esteban, obwohl ich weiß, dass er ein Teil von mir ist – und ich freue mich auf den Tag, an dem die Tore nach Tierra Santa sich wieder öffnen. Wenn es dann so weit ist, werde ich vielleicht dort bleiben, aber es wird noch viel Zeit bis dahin vergehen, so viel ist sicher. Wenn es ganz still im Haus und in mir ist, wenn ich meinen Energiekörper weite und in meiner Mitte bin, höre ich ihn lachen. Es ist ein Lachen aus großer Distanz, jenseits von Raum und Zeit. Aber wenn ich es höre, weiß ich, dass ich nicht allein bin, und er mir, auch wenn ich es oft nicht bemerke, ein wenig seiner Energie, seiner Kraft schickt. Jetzt mache ich mich auf in mein eigenes Tierra Santa. Ich werde mich finden. Und wenn ich mich gefunden habe, werden er und ich uns gemeinsam darüber freuen! Adios!

Anhang

Über Tierra Santa und Don Esteban

Tierra Santa ist kein fiktives Land. Nur der Name stammt von mir, um jener Gegend zwischen Traum und Wirklichkeit ein gewisses Maß von Zuordnung geben zu können. Ich betrat dieses Land vor vielen Jahren zum ersten Mal. Nicht gewollt oder geplant. Es »entführte« mich eine Entität, die sich mir als »Don Esteban« vorstellte.[1] Ich war ihm zum ersten Mal auf einer meiner Reisen zu den traditionellen Heilern Mexikos begegnet. Damals suchte und fand er mich in einem Hotelrestaurant nahe der Kathedrale in Mexiko City. Aber damals fehlte mir zunächst das Verständnis dafür, dass jemand aus einer anderen Welt auch die Welt der Menschen betreten konnte. Vor allem aber hatte ich keine Vorstellung, weshalb er mich gesucht hatte. Ich fand die Begegnung verstörend, ja erschreckend, und gab, klassisch geprägt, dem ersten Impuls nach, den ich verspürte: Ich floh. Später klärte man mich auf, dass ich vermutlich mit einem »Anorganico«, einem nichtphysischen Wesen aus einer fremden Welt konfrontiert worden war. Das konnte auch viel Gutes bedeuten! In den Kreisen mexikanischer Heiler, mit denen ich damals verkehrte, riet man mir jedoch zum einen wie zum anderen: Kontakt suchen oder flüchten. Es sollte aber ohnehin ein gutes Jahr lang dauern, bis mich Don Esteban hier in Europa ausfindig machen konnte. Ich glaube aber heute eher, dass er mir ein Jahr lang Zeit gegeben hatte, um mir über die Umstände unseres ersten Zusammentreffens klarzuwerden. Sie waren damals alles andere als angenehm gewesen. Zudem hatte ich in Mexiko ei-

1 Der Name »Don Esteban« ist ein Pseudonym. Sein richtiger Name tut aber ohnehin nichts zur Sache.

nige kräftezehrende Erfahrungen gemacht, die ich zum Teil in einem anderen Buch niederschrieb[2]. Alles in allem war ich damals schlichtweg von der Begegnung überfordert gewesen. Letztlich fand er mich im Traum und brachte mich in dieses wunderbare Land.
Tierra Santa an sich war erschreckend verwirrend, aber noch mehr verstörte mich der Zustand, in dem ich mich während meiner über gut zwei Jahre dauernden Besuche in dieser seltsamen Welt befand. Es waren weder Träume noch Fantasiereisen. Am ehesten noch vergleichbar mit der Technik des »schamanischen Reisens«, waren die Begegnungen mit Tierra Santa jedoch von derart physisch-realer Präsenz, wie ich sie nie zuvor erlebt hatte. Ich kam nicht umhin, mich in diese Art des »Reisens« zu fügen. Steuern konnte ich es nicht. Es war stets Don Esteban, der mich zu sich holte. Zwischen den Reisen standen oft Zeiträume von mehreren Monaten. Das gab mir Zeit, die gemachten Erfahrungen in die Praxis umzusetzen. So konnte ich das Gelernte in meiner Arbeit mit Erfolg anwenden und verstand immer mehr die Wichtigkeit dessen, was mir mein Lehrer beizubringen versuchte. Ich möchte dazu feststellen, dass all diese Reisen keinesfalls in irgendeiner Form initiiert wurden. Weder durch bewusstseinsverändernde Substanzen noch durch Meditation oder dergleichen. Lange Zeit behielt ich meine Erfahrungen für mich. Es schien mir schwer, diese mit anderen Menschen zu teilen. Aber auch dieser Umstand veränderte sich zusehends. Spätestens mit

2 Georg O. Gschwandler: Die Anatomie der Kraft. Wege des Herzens. VetH Verlag: 2008.

Beginn meiner Ausbildungsreihe zum Thema Rationalenergetik wurden von meinen Schülern Fragen nach den Quellen bestimmter Techniken und Sichtweisen laut. Mit diesem Buch trage ich diesen Fragen Rechnung, vor allem, nachdem Don Esteban mich aufgefordert hatte, das Wissen mit anderen zu teilen.
Tierra Santa ist immer noch ein Teil von mir, und ich bin mir sicher, dass ich es eines Tages wieder bereisen werde. Ich weiß auch, dass so manchem Leser und so mancher Leserin dieses Buch ein wenig verwirrend scheinen mag. Auch ist es für manchen vermutlich nicht einfach, meine Erfahrungen in Tierra Santa nachzuvollziehen. Es spielt aber genau genommen keine große Rolle, ob es vom Leser als Tatsachenbericht oder spannende Geschichte wahrgenommen wird – denn was zählt, ist das Ergebnis. Viele meiner Schüler und Klienten machen genau in diesem Augenblick die Erfahrung der Wirksamkeit der Techniken und erkennen die Zusammenhänge. Wichtig ist mir, hier noch einmal die Meinung meines Lehrers in Tierra Santa deutlich zu machen:

*Die Dinge dürfen **einfach** sein,*
je einfacher, desto kraftvoller,
je kraftvoller, desto effektiver,
je effektiver, desto sinnvoller.

Ich hoffe, dass sich Tierra Santa oder zumindest das von dort stammende Wissen möglichst vielen Menschen eröffnet. Es ist ein Wissen, das keinerlei Grundlage benötigt. Jeder und jede kann es sich aneignen und damit praktisch arbeiten. Es ist ein Wissen für alle, unabhängig von Stand, Bildung und Herkunft!
Don Esteban geht es darum, dieses Wissen allen Menschen zugänglich zu machen. Jeder soll sich selbst heilen und verändern dürfen. So schaffen wir jene Resonanzen, die nötig sind, um diese Welt in Richtung Gesundheit und Glück zu bewegen! Heilen wir unseren Nächsten und zuvor uns selbst! In absoluter Eigenverantwortung, frei von Dogmen und Glaubenssätzen, dafür aber ausgestattet mit einfachen Werkzeugen, die wir jederzeit anzuwenden imstande sind.

Georg O. Gschwandler
Grieselstein, Februar 2013

Schamanisches Reisen – das Tor zur wahren Welt

»Suche nach Zugängen! Finde die alten Wege, die in die wirkliche Welt führen! Erweitere deine Wahrnehmung, und dein Staunen wird kein Ende nehmen!«

Die Technik des schamanischen Reisens ist ein wertvoller Zugang zu den Welten, in denen sich Don Esteban aufhält. Ich habe mithilfe dieser bewährten Methoden unendlich viel erleben und lernen dürfen. Es ist ein echter Zugang in eine erstaunliche Welt, ein Seelenflug, der weitab von geführten Fantasiereisen jedem zu Wissen und Erfahrung verhelfen kann. Die Technik des schamanischen Reisens habe ich in meinem Buch »Schamanische Wege zur Mitte« ausführlich beschrieben. Es ist eine Anleitung, die funktioniert. Schritt für Schritt ist es jedem möglich, die eigene Wahrnehmung zu verbessern, seinen Verbündeten zu begegnen, sich neue Welten zu erschließen. Diese Art der Kommunikation ist wichtig, da sie eine Nähe zu dem herstellt, was Tierra Santa ist: eine Welt der Verwandlung und Entwicklung. Schamanische Reisen helfen uns, besser zu verstehen, wie die Welt um uns funktioniert. Sie ermöglichen einen tiefen Einblick in übergeordnete Zusammenhänge und führen uns zum Selbst. Ich verwende diese Techniken seit Jahrzehnten und habe mehr und mehr deren Wichtigkeit verstanden. Sie sind eine wertvolle Unterstützung und eröffnen uns eine erweiterte Sicht auf die Welt. Diese offene Sicht wiederum ermöglicht es uns, die Veränderungen, die wir erfahren, besser und rascher verinnerlichen zu können. Zudem haben wir die Möglichkeit, in direkten Kontakt mit unseren Krafttieren zu gelangen. Sie wiederum sind wertvolle Ratgeber, die uns auch mit ihrer Kraft zur Seite stehen. Sie unterstützen uns in dem, was wir tun. Sie geben uns Sicherheit. Und immer wieder raten sie uns, diese oder jene Übung zu wiederholen. Unsere Verbündeten wissen ganz genau, was uns guttut und was unserer Entwicklung förderlich ist. Mit der Technik des schamanischen Reisens nehmen wir zu ihnen Kontakt auf. So entstehen wertvolle Verbindungen und wahre Freundschaften. Sie raten und beschützen, geben Kraft und führen. Nehmen wir ihr Angebot in Anspruch! So wird unser Tun ganz!

Zitate

»Alles, was du brauchst, ist Kraft und jemand, der dir zeigt, was du damit machen kannst«

»Zuerst musst du deine Mitte finden, dann findest du auch deine Kraft ...«

»Wenn du ohne Angst bist, dann handelst du mit Kraft, und jede Entscheidung wird absolut und richtig sein ...«

»Wenn du die Kraft aus deiner Mitte gezielt strömen lässt, wird deine Ausdehnung unendlich, weit über die Zeit und über den Tod hinaus ...«

»Alles, was du in deinem Leben an Verletzung erfahren hast, trägst du als Abdrücke in deinem System. Du selbst kannst dich davon befreien und alles wieder in einen natürlichen Zustand bringen ...«

»Beginne mit den einfachen Dingen! Es hat viel mit Erinnerung zu tun, denn alles ist bereits in dir ...!«

»Verbünde dich mit der Nacht, dann wird sie dich nicht das Fürchten lehren, sondern deine Aufmerksamkeit steigern und deine Instinkte wieder wecken!«

»Nichts kostet dich mehr Energie als deine Prägungen! Sie sind eine physische Realität! Wenn du dich von ihnen befreist, so befreist du dein ganzes Sein. Alles wird sich verändern, sämtliche Resonanzen, dein ganzes Leben!«

»Alles, was zählt, ist die Qualität deiner Entscheidung! Hat deine Entscheidung Energie, dann hat sie auch Qualität, und sie wird absolut sein. Und eine absolute Entscheidung wird immer richtig sein!«

»Nimm dir die Freiheit, die Dinge einfach zu betrachten, dann bleibt dir mehr Kraft, um zu handeln! Und wenn du handelst, dann tue dies absolut, egal, worum es geht. Energie kann nur durch Energie bewegt werden, und Heilen ist nichts anderes, als wesentlich mehr Energie aufzubringen, als der Krankheit innewohnt!«

»Wer du bist, weiß nur dein Selbst, und dein Selbst braucht die Wüste, um sich ausbreiten zu können. Dann wirst du die richtigen Wege finden und letztlich dich selbst ...!«

»Suche nach Zugängen! Finde die alten Wege, die in die wirkliche Welt führen! Erweitere deine Wahrnehmung, und dein Staunen wird kein Ende nehmen!«

Mein besonderer Dank gilt Manni und Andrea – danke für eure Zeit und euren Einsatz beim Fotografieren!

Über den Autor

Vom Suchen und Finden – eine Reise über alle Grenzen

Georg O. Gschwandler, Jahrgang 66, ist Autor, Seminarleiter, Lehrer, initiierter Schamane und Curandero.

Mit 21 Jahren begann eine Reise, die den Autor nicht nur in die Regenwälder Ecuadors und in die mystische Welt der Heiler Mexikos führte, sondern weit darüber hinaus. Auf der Suche nach Heilung und einem Weg aus der eigenen Krise geleiteten ihn seine Verbündeten zu einem Schamanen der Shuar-Indianer Ecuadors. Dort, im Regenwald, nach langer strapaziöser Reise, wurde er selbst zum Schamanen initiiert.

Es gelang ihm, eine Tür zu öffnen, einen Weg in die Welt der Schamanen und Heiler. So kam er auch nach Mexiko und wurde in den Pfad der Curanderos eingeweiht. Er entdeckte neue, kraftvolle Techniken und lernte, diese schnell und effektiv in seiner Arbeit als Heiler einzusetzen. Georg O. Gschwandler traf auf seinen Reisen weise Frauen und Männer, die ihr Wissen bereitwillig mit ihm teilten. Sie erkannten ihn als ihresgleichen und öffneten sich und ihre Herzen. Ihm selbst zeigten sich über die Jahre Wege in unbekannte, spannende und kraftvolle Welten. Und mehr noch, er fand Verbündete in diesen Welten! Auch diese Orte bereiste er (und bereist sie weiterhin), und es gelang ihm, das dort erworbene Wissen anderen Interessierten durch Ausbildungen, Seminare und Bücher zugänglich zu machen. Vor allem die Verbindung mit einem bestimmten Land, jenseits der allgemein gültigen Vorstellung, sollte über lange Zeit das Zentrum seiner Erfahrungen werden: »Tierra Santa«. Es ist eine Welt, die er am ehesten als mystisches »Spiegelbild« einiger Orte, die er in Mexiko besucht hatte, beschreiben könnte.

Dennoch entzog sich diese Welt allen Vergleichen, weil sie ein Ort in beständiger Veränderung war, angepasst an Georg Gschwandlers aktuellen Entwicklungsstand. Und anders als beim schamanischen Reisen entschied nicht er selbst, ob er »Tierra Santa« bereiste oder nicht. Vielmehr war es ein Entrücktwerden in diese Welt, ein Ruf, dem er sich nicht widersetzen konnte. Der Autor lernte, dieser neuen Bestimmung nachzugeben.

Er begriff die Notwendigkeit und erkannte mit der Zeit, welche Kräfte am Werke waren. Aber vor allem verstand er, dass jemand, sein Lehrer und Verbündeter dort, Don Esteban, es nur gut mit ihm meinte. »Tierra Santa« ist ein Ort voller Wunder, ein heiliger Raum, welcher prüft, verändert, bewusst macht und stärkt. Sein Lehrer in dieser Welt, ein Wesen, uralt und weise, dem er Jahre zuvor schon einmal in Mexiko begegnet war, führte ihn und half ihm, neue Fähigkeiten zu entwickeln und sich selbst zu finden. Immer wieder bereisten sie gemeinsam dieses wundervolle Land jenseits der Einschränkungen unserer alltäglichen Welt. Dieses Land ist real, und was er dort erfuhr, lässt sich einfach und mit unglaublicher Wirkung im alltäglichen Leben umsetzen!

Georg O. Gschwandler ist ein Anhänger der einfachen Dinge und des authentischen Tuns. So sind die Methoden einfach, und es bedarf keinerlei Vorkenntnisse! Er propagiert die Qualität des Augenblickes und macht bewusst, dass Energie nur mit Energie bewegt werden kann. Er besteht darauf, dass die wirksamsten Dinge immer einfacher Natur sind und dass es an der Zeit ist, Wissen wirklich zu teilen – seine Erfahrungen eines ganzen Jahrzehnts strömten in dieses Buch ein!
Auf seiner Homepage bietet er Seminare an, mit denen Sie die im Buch beschriebenen Techniken erlernen bzw. vertiefen können.

Weitere Informationen unter: www.curandero.at

Bildnachweis

Umschlag
Hintergrund: © javarman, # 4845255, www.fotolia.de
Ornament: © 2567394, # 48497271, www.fotolia.de
Bild im Ornament: © Georg O. Gschwandler

Innenseiten
Kalligrafische Elemente:
© 2567394, # 48497271, www.fotolia.de;
© denisovd, # 37382808, www.fotolia.de
S. 31: © Antonio Gravante, # 38478996, www.fotolia.de;
© Kotangens, # 32832395, www.fotolia.de
S. 51: © DeoSum, # 27143896, www.fotolia.de
S. 63: © Gregor Buir, # 45093182, www.fotolia.de

Alle weiteren Bilder stammen von Manfred Steiner und Georg O. Gschwandler.

Literatur

Georg O. Gschwandler: Schamanische Wege zur Mitte. Praxisbuch des schamanischen Reisens. Schirner Verlag: 2012

Georg O. Gschwandler: Auf den Spuren des Geisterjaguars. Durch die Regenwälder Ecuadors zu den Quellen schamanischer Kraft. Nietsch Verlag: 2008.

Vom Autor erschien ebenfalls im Schirner Verlag

Georg O. Gschwandler
Schamanische Wege zur Mitte
Praxisbuch des schamanischen Reisens

ISBN: 978-3-8434-1052-6
Paperback, 264 Seiten

Ein Buch für Praktiker!
Es beginnt dort, wo Seminare enden – beim weiterführenden Experiment, der Praxis.

Schamanische Reisen können nicht nur die Selbstheilungskräfte des Körpers aktivieren, sondern sie unterstützen jeden, der dieses Reisen ausprobiert, auf dem Weg zur echten Selbstfindung und zur unabhängigen Selbsterfahrung.
Von Grund auf führt Sie der erfahrene Schamane und Curandero Georg O. Gschwandler verständlich und praxisorientiert in die Techniken des schamanischen Reisens ein und hilft Ihnen durch exakte Anweisungen, die Methoden selbst anzuwenden und die eigene Reise zu Ihrer inneren Mitte anzutreten. Zahlreiche Übungen, Körperhaltungen, Tees und Bäder, detaillierte Anleitungen für Heilreisen und vieles mehr unterstützen Sie auf Ihrem Weg in eine nicht alltägliche Wirklichkeit.

Vom Autor erschien ebenfalls im Schirner Verlag

Georg O. Gschwandler
Schamanische Rhythmen
zur Einkehr in die eigene Mitte

ISBN: 978-3-8434-8190-8
CD, Spielzeit: 60:27 Min.

Nutzen Sie die Kraft und die Energie von Rassel und Trommel, um den Weg zu Ihrer eigenen Mitte zu finden!
Die authentischen Rassel- und Trommelrhythmen des erfahrenen Schamanen und Curandero Georg O. Gschwandler leiten Sie in den Bewusstseinszustand, in dem schamanisches Reisen möglich ist. Einstimmungsphase und Melodie eines »Kraftliedes« zu Beginn jedes Tracks führen Sie an und schließlich über die Grenze zur schamanischen Welt hinweg. Rückholsignale bringen Sie sanft wieder in die alltägliche Wirklichkeit zurück und ermöglichen Ihnen dadurch das schamanische Reisen in tiefere Bewusstseinsebenen auch ohne Helfer.
Beginnen Sie Ihre Reise zur eigenen Mitte, und lernen Sie eine Realität jenseits der Ihnen bekannten Wirklichkeit kennen!